南方传媒研究

NANFANG MEDIA RESEARCH

南方报业传媒集团 南方传媒学院 主编

001

南方传媒研究
第五十一辑

南方日报出版社
NANFANG DAILY PRESS

图书在版编目（CIP）数据

南方传媒研究·第五十一辑：新闻客户端 / 南方报业传媒集团 南方传媒学院主编. 一广州：南方日报出版社，2014.12

ISBN 978-7-5491-1211-1

Ⅰ.①南… Ⅱ.①南… ②南… Ⅲ.① 传播媒介－中国－文集 Ⅳ.① G219.2-53

中国版本图书馆 CIP 数据核字（2014）第 305894 号

南方传媒研究

第五十一辑：新闻客户端

南方报业传媒集团 南方传媒学院 主编

出版发行 南方日报出版社
地 址 广州市广州大道中 289 号
电 话 （020）83000502
经 销 全国新华书店
印 刷 广州市怡升印刷有限公司
开 本 787mm×1092mm 1/16
印 张 10.75
字 数 260 千字
版 次 2014 年 12 月第 1 版
印 次 2014 年 12 月第 1 次印刷
定 价 28.00 元

投稿电话：020-83003364 83004106
网址：http://media.nfdaily.cn
发现印装质量问题，影响阅读，请与承印厂联系调换。

目录 Contents

NO.51

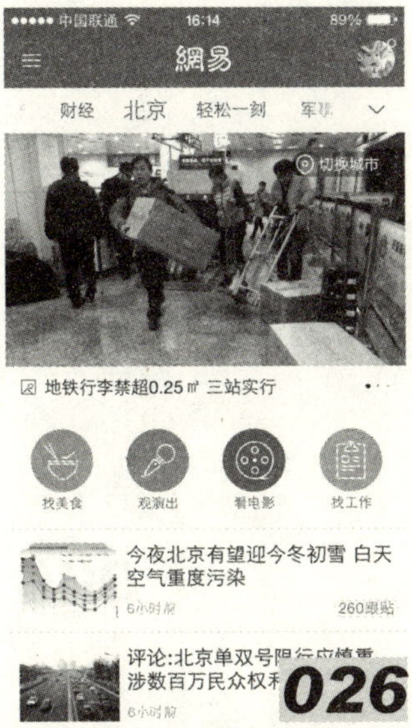

知音
081

为保一桩错案，要制造多少错误？
福清纪委爆炸案的“逆罪”逻辑
096

朝日新聞
本社「記事取り消し」謝罪
吉田調書「命令違反し撤退」報道
116

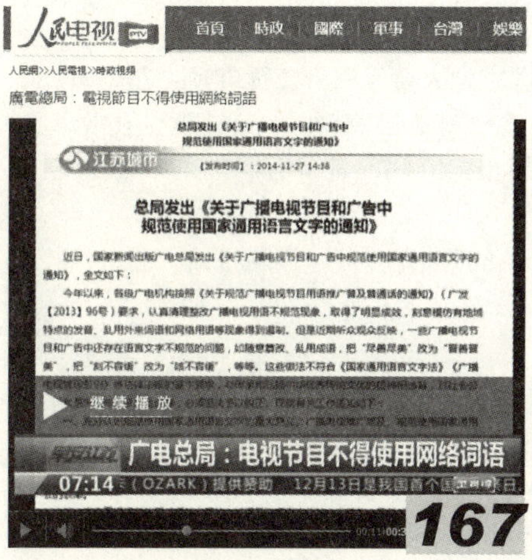

地　　址　广州市广州大道中289号
电　　话　020-83003364　87363753
传　　真　020-83004106
邮政编码　510601
电子邮箱　nfcmyj@vip.163.com
　　　　　nfcmyj@163.com
网　　址
http://www.nfmedia.com/cmzj/

“网络信息人人共享、网络安全人人有责，要不断增强全民网络安全意识，切实维护网络安全，着力推进网络空间法治化，为建设网络强国提供有力保障。”

——11 月 24 日，首届国家网络安全宣传周启动仪式在北京中华世纪坛举行，刘云山在启动仪式上发表讲话。

“建设好、利用好、管理好互联网，关系国家主权、尊严和发展利益，关系国际安全与社会稳定，关系世界经济繁荣和发展，迫切需要国际社会共担责任，共对挑战，谋求共治，实现共赢。”

——11 月 19 日，国务院副总理马凯在首届世界互联网大会上的致辞。

“早期，不同国家的人要互相交流很麻烦。在美国，曾经很多年打电话给其他国家时，1 分钟至少要收 1 美元，费用相当昂贵。互联网有了后，沟通突然变成免费的，这是完全不同的交流方式。”

——大卫·法伯（被誉为“互联网祖父”）上世纪 50 年代加入贝尔实验室，七八十年代曾帮助组建美国科学基金会的计算机科学研究网等。11 月 19 日接受《新京报》采访时谈互联网带来的变化。

“当年报纸广播电视是媒体形态的老三宝，门户时代三件宝是新闻、评论和访谈，社交时代是微博、微信和客户端。”

——11 月 19 日，人民日报社副总编辑、人民网董事长马利在乌镇举行的世界互联网大会“新媒体新生态”分论坛上说，新媒体颠覆媒体组织内容生产方式，但媒体使命不会变。

“黑格尔讲过，世界上离开了激情，任何伟大的事业都不能成功。对记者来讲，激情特别要紧，如果激情燃烧，你会感到有一种力量在推动着你义无反顾地往前走。我当记者当了 28 年，不离不弃，源于对新闻的热爱，意味着坚韧和创造。”

——长江韬奋奖获得者、法制日报社浙江记者站站长陈东升寄语第十五个记者节。

“解决人的问题，解决钱的问题，我们主要靠体制、机制创新。我们能不能用公司化、市场化的模式，通过对外融资的手段解决钱从哪里来的问题。这种机制如果有突破之后，也就解决了钱的问题、人的问题。”

——11 月 22 日，由新浪财经主办的“2014 新浪金麒麟论坛”在北京举行。《人民日报》新闻协调部副主任丁伟在圆桌论坛上表示，新媒体有两个特点，一是“吃人”，用人会比较多。第二，烧钱。

“对我们而言，我们统一了几个权力，事权、人权和财务权，没有部门的考评，都是统一的，比如一个大的利润中心的考评。”

——11 月 22 日，壹读传媒 CEO、《壹读》杂志执行主编马昌博在“新媒体的大突围：诱惑与困局”圆桌论坛中谈到壹读人员组织形式的改变。

“当用户走了，广告也走了，优秀人才也留不住的时候，传统媒体无疑会沦落为一个‘养老院’——没有能力的人养老的地方，但是到那个时候，养老院里的人们又靠谁来养呢？”

——11 月 16 日，人民网刊登传媒经济研究专家、国家行政学院教师郭全中的文章，在文中郭对纸媒前景发出“盛世危言”。

“新闻工作者如何抓住机遇、应对挑战，实现大有作为呢？我认为关键是要切实‘吃透两头’。‘一头’，就是要认真学习十八大以来中央的各项重大决策部署，‘另一头’，就是要经常深入到基层，深入到一线。”

——11 月 7 日，中国记协主席田聪明在中国记协八届四次常务理事会上发表讲话。

“我们看到互联网行业过去从通讯领域再到零售领域，从电子商务，再到娱乐，比较天然地和互联网结合，打车都可以跟移动互联网挂上钩了。”

——11 月 19 日，马化腾在首届世界互联网大会移动互联网论坛上，畅谈移动互联网技术发展趋势，畅想“流量时代”的市场与生活。

莫迪亚诺

瑞典文学院10月9日宣布，将2014年诺贝尔文学奖授予法国作家帕特里克·莫迪亚诺。诺贝尔奖委员会的颁奖辞称，莫迪亚诺的作品“唤醒了对最不可捉摸的人类命运的记忆”。

拉里·佩奇

11月14日，《财富》杂志揭晓了2014年度商业人物。Google CEO拉里·佩奇击败苹果CEO蒂姆·库克获封年度商业人物的封号，并登上了杂志封面。

本·布拉德利

美国《华盛顿邮报》前主编、“水门事件”报道主要参与人本·布拉德利10月21日在位于华盛顿的寓所去世，享年93岁。

陈彤

11月4日，小米公司召开发布会，董事长兼CEO雷军宣布陈彤加入小米，任职小米公司副总裁，负责内容投资和运营，小米会投入10亿美元用于内容建设。

加藤达也

韩国检察部门10月8日对日本《产经新闻》韩国分社原社长加藤达也提出起诉，罪名为诽谤韩国总统朴槿惠。

哈文

10月30日，央视综艺官方微博宣布，哈文将三度执棒，担任2015年羊年春晚的总导演。哈文曾任2012、2013年中央电视台春节联欢晚会总导演。

木村伊量

不久前，日本《朝日新闻》因有关慰安妇及福岛核电站等新闻的误报事件而备受争议与指责。为此，该报社长木村伊量11月5日宣布将辞职。

高仓健

11月10日，日本著名男演员高仓健因病去世，享年83岁。他主演的电影《追捕》于1978年在中国大陆上映，引起了巨大的轰动。

王钧

10月18日，南方都市报副总编辑王钧因病去世，享年43岁。南方都市报官方微信发讣告表示沉痛哀悼！

邱启明

11月18日，搜狐CEO张朝阳宣布央视原主持人邱启明加盟搜狐，入职搜狐新闻财经中心，负责该网站的财经及新闻视频内容相关工作。

罗昌平

2012年12月6日，前《财经》副主编罗昌平通过微博，实名举报时任发改委副主任刘铁男。今年记者节，罗昌平正式作别新闻调查记者行列。

图说

第24届中国新闻奖和第13届长江韬奋奖评选揭晓

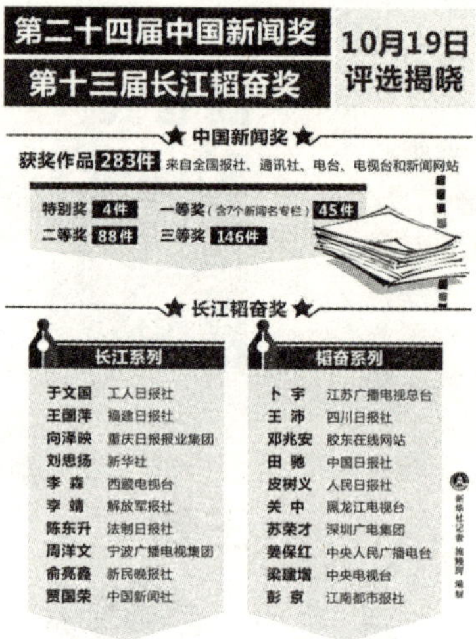

第二十四届中国新闻奖和第十三届长江韬奋奖评选10月19日揭晓。来自全国报社、通讯社、电台、电视台和新闻网站的283件作品获中国新闻奖，其中特别奖4件，一等奖45件（含7个新闻名专栏），二等奖88件，三等奖146件；20名新闻工作者获长江韬奋奖，其中长江系列10名，韬奋系列10名。

数字

4.1%

2014年前三季度中国广告市场同比增长4.1%

11月14日，央视市场研究（CTR）媒介智讯发布的最新研究显示，2014年前三季度中国广告市场同比增长4.1%。其中，传统媒体的广告花费同比增长0.5%。

50万元

网络侵权案中被侵权人最高可获赔50万元

最高人民法院10月9日公布相关规定明确，被侵权人因人身权益受侵害造成的财产损失或者侵权人因此获得的利益无法确定的，人民法院可以根据具体案情在50万元以下的范围内确定赔偿数额。

10%

新浪微博日活跃用户三季度增幅达到10% 创年内新高

新浪微博11月14日公布的第三季度财报显示，三季度日活跃用户环比增幅达到10%，创下年内新高。微博用户规模和营收继续保持稳健增长，9月月活跃用户增至1.67亿，增幅达36%；日活跃用户也增长30%至7660万。

9.5
亿港币

7.5%

135
万

20.7
亿

357.5
亿

1000
万元

数字

9.5 亿港元买下新传媒 恒大跟投媒体业

11 月 14 日，恒大地产以及新传媒集团同时发布公告宣布，恒大将通过收购股份成为新传媒的“新当家”。恒大有意以现金形式买入新传媒约 6.48 亿股股份，占新传媒已发行股份总数的 74.99%，交易作价约 9.5 亿港元，相当于每股 1.466 港元。

纽约时报裁员 7.5% 总编辑称新产品未达商业预期

据《华盛顿邮报》报道，由于印刷收入下滑使报纸行业面临较大经济压力，《纽约时报》公司 10 月 1 日宣布将裁减编辑部 100 个职位，占总人数的 7.5% 。

报纸媒体网络跨界传播监测数据发布

10 月 30 日，报纸媒体网络跨界传播监测系统及监测数据发布会在京举行。发布会公布的数据显示：今年 1 ～ 9 月，259 份主流报纸在 101 家新闻门户网站上的新闻转载总量达到 135 万篇，并引发 1550 万用户评论。

我国视频媒体用户规模达 20.7 亿

10 月 23 日，国内首部全面研究解读我国视频产业的综合性研究著作《大视频时代——中国视频媒体生态考察报告》发布。报告显示，我国电视、网络、手机、户外视频媒体复合用户规模达 20.7 亿，使得视频消费量至少增长 50% ～ 70%。

印度广告市场网络占比急剧扩大

据印度《经济时报》报道，印度互联网和移动协会（IAMAI）及当地调查机构 IMRB 公司的一项调查报告预计，2014 年度（2014 年 4 月～ 2015 年 3 月），印度的互联网广告市场规模将达 357.5 亿卢比，比上年度增长 30%。

复旦大学出版社等涉嫌侵权 南怀瑾之子索赔近千万元

10 月 8 日，上海市第一中级人民法院受理了已故南怀瑾先生之子南小舜诉复旦大学出版社有限公司等侵犯著作权纠纷一案，涉案索赔金额近千万元。其诉状显示，南怀瑾生前著有 70 余部作品，作为法定继承人，原告享有相关作品继承权。

中国新闻网站
将正式推行新闻记者证制度

10月29日，国家互联网信息办公室和国家新闻出版广电总局联合下发《关于在新闻网站核发新闻记者证的通知》要求，在全国新闻网站正式推行新闻记者证制度。全国范围内的新闻网站采编人员由此正式纳入统一管理。

首届世界互联网大会乌镇开幕

首届世界互联网大会于11月19日在浙江乌镇开幕，大会为期三天，以“互联互通，共享共治”为主题。来自100多个国家的上千名政经领袖和互联网大佬在此共议全球化背景下互联网的发展和未来趋势。

美国科技网站 CNET 试水印刷媒体

美国知名科技网站CNET新推出的同名季刊杂志11月3日开始登上零售书报架。在印刷媒体普遍遭遇生存困境、传统媒体纷纷拥抱新兴媒体之际，这是又一家美国数字媒体尝试纸质终端。

网络评论首获中国新闻奖特别奖

第二十四届中国新闻奖、第十三届长江韬奋奖评选10月19日正式揭晓。中国经济网的网络评论《限制“公款消费”本质是制约权力寻租》获得了新闻奖特别奖，这是2012年中国新闻奖设立网络特别奖以来，网络作品首次获评该奖项。

4年3Q大战落幕　终审判腾讯不垄断

10月16日上午，历时4年的3Q大战终审落幕。最高法院终审驳回奇虎公司全部上诉请求，判决奇虎对腾讯滥用市场支配地位的指控不成立。

路透社关闭网站新闻评论功能

英国路透社近日宣布，关闭其网站的新闻评论功能，读者今后可以到社交媒体或在线论坛上评论其新闻。路透社称关闭评论是不想让那些尖酸刻薄的评论轻易地出现在网站上，也不想再去对付那些滥用批评权利的人。

人民网与今日俄罗斯通讯社签署合作协议

10 月 13 日，人民日报社副总编辑、人民网董事长马利同今日俄罗斯通讯社社长基谢廖夫在俄罗斯政府大厦签署合作协议。该协议旨在拓展信息空间，促进大众传媒对政治、经济、文化等领域进行客观、专业的报道，增强两国人民的接近与相互理解。

BBC 纪录片修改卢旺达大屠杀事实遭抗议

BBC2 台纪录片“卢旺达不为人知的故事”的播出，引发多起卢旺达人抗议事件。纪录片试图通过一些亲历者的观点来修改大屠杀事实，被认为是对种族屠杀和对新闻原则的轻视。而 BBC 回应称，该纪录片为理解该地区、国家的悲惨历史做出了宝贵贡献。

腾讯视频宣布实现广告投放“跨屏频控”

腾讯视频最近宣布实现了基于 PC 端与移动端双平台的广告投放频次控制，简称“跨屏频控”。腾讯称此举将为广告主带来更为精准、更高性价比、更低信息流失率的广告投放支持。

首届世界媒体峰会全球新闻奖评选揭晓

10 月 27 日，首届世界媒体峰会全球新闻奖评选结果在北京揭晓，共产生 4 个最终获奖者和 19 个提名奖获得者。这是世界媒体峰会创设的首个涵盖多种媒体业态、覆盖全球的综合性新闻赛事，其宗旨为“真实、客观、卓越”。

邯郸《民生大视野》记者为市民维权遭殴打

11 月 10 日，邯郸电视台《民生大视野》栏目组记者高峡和韩雯娟随闫女士的家人，一同来到了位于邯郸市果园路的摩力克窗帘专卖店，帮助解决订购的窗帘尺寸不够的纠纷，问题得到圆满解决记者准备返回电视台时，被专卖店内冲出的两男两女打伤。

新华社记者调查污染和涉嫌毁林事件时被打

11 月 16 日，新华社两名记者在河北滦平县小营乡发现大量含尾矿砂的污水流入伊逊河，同时发现该乡头道沟尾矿库工程建设涉嫌大规模毁林。在调查时，相机被尾矿库人员抢夺，记者遭谩骂殴打并被扣留，之后在乡领导帮助下才离开。

“伊斯兰国”处死一名伊拉克记者及其亲属

伊拉克安全部门消息人士 10 月 10 日对新华社记者说，极端组织“伊斯兰国”当天在伊北部萨拉赫丁省处决了一名摄像记者及其 3 名亲属。自 2003 年 3 月美国发动伊拉克战争以来，国际媒体及伊拉克媒体的新闻工作者遭各种袭击的惨案不断发生。

陈力丹：习近平的宣传观和新闻观

习近平的“8·18讲话”为我国新闻传播业提出了长远的发展目标，即建立“现代传播体系”。这一传播体系的特征是“传统媒体和新兴媒体融合”，完全不同于原来的传统媒体系统，因而更需要观念的变革。传统媒体和新兴媒体不是简单的此消彼长关系，现在各传媒的改革思路基本是在原来传统媒体基础上叠加新媒体。所以习近平要求，“强化互联网思维，坚持传统媒体和新兴媒体优势互补、一体发展，坚持先进技术为支撑、内容建设为根本，推动传统媒体和新兴媒体在内容、渠道、平台、经营、管理等方面的深度融合”。

互联网的传播方式从传播主体到方式、路径均为发散式的，以传统媒体的主体思维模式来领会“传统媒体和新兴媒体融合”将会南辕北辙。“一体发展”不是在原来传统媒体基础上的叠加，也不是传统媒体业务与新媒体业务的并行，而要实现各种媒介资源、生产要素的有效整合，实现信息内容、技术应用、平台终端、人才的共享融通，形成一体化的组织结构和传播体系。

习近平要求传统媒体和新兴媒体融合，这是手段创新。在这个基础上，他进一步提出了新闻和宣传领域创新的最终目标：“着力打造一批形态多样、手段先进、具有竞争力的新型主流媒体，建成几家拥有强大实力和传播力、公信力、影响力的新型媒体集团，形成立体多样、融合发展的现代传播体系。”这是一个令人向往、激动人心的宏大规划。

如果我国的传媒体系不进行现代化的改造，就不可能在国际社会拥有话语权。竞争力不仅来自技术上的先进手段，更来自公信力，只拥有先进技术的传播体系不一定能够赢得话语权。所以，习近平关于“新型媒体集团”的定语排列了四个力：拥有强大实力和传播力、公信力、影响力。四者缺一不可。

同时，他还为实现这一目标提出了管理问题，即“要一手抓融合，一手抓管理，确保融合发展沿着正确方向推进”。在实现目标的过程中，充分借鉴先进国家同行的经验，有步骤有计划地协调发展，处理好局部利益和大局利益的关系，防止一哄而起，都是极为重要的管理措施。(《新闻记者》2014年第10期)

《南方日报》第十一次改版：内容、版式和报网融合获读者点赞

10月23日，《南方日报》于创刊65周年之际再一次全新改版。在南方报业“深耕主业、多元开拓、加快转型、融合发展”十六字战略指引下，这位扎根南方的“新闻老兵”再次踏上新的征程，继续从内容、渠道、产品、互动、视觉呈现等各方面寻求突破，打造品质新闻、深化品牌传播。

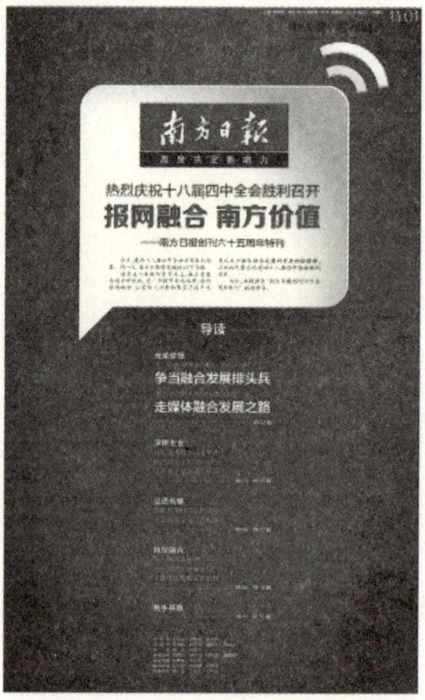

南都APP正式上线 南都报系发布4款互联网产品

11月18日下午，南方都市报“新连接·大未来——南都新品分享会”在广州南方报业传媒集团举行，蜂窝微媒体联盟、南都APP、南都数字报“悦”读墙、品牌盛宴APP四个新产品正式发布，“南都18年”系列庆祝活动也随之启动。

焦点话题「新闻客户端」

焦点话题「新闻客户端」

编者按

据美国Marketwatch网站10月18日报道，MarketReportsOnline.com发布了"2014年第三季度中国智能手机市场发展"报告，2014年第二季度，中国手机用户总数为12.7亿，同一季度，中国的智能手机销量达9950万。移动互联已经成为不可逆转的全球浪潮，裹挟而来的是，纸媒纷纷开设移动客户端，抢占移动媒体的滩头。在激烈的竞争中，谁将最终独立潮头？本辑既有纸媒的运营总结，也有门户的经验之谈，更有"今日头条"的新锐心得。

漫画　曹一

今日头条：机器“解放”媒体

□张一鸣

张一鸣

对于“今日头条”来说，2014年无疑是难忘的一年，行业内外，越来越多的人知道了我们。不过随着公司知名度的提升，我也开始经常听到这样的质疑——“你们不就是一个在手机上看新闻的软件吗？有什么了不起的？”

其实，我特别想澄清一下，虽然我们产品的名字叫做“今日头条”，但是我们从来没有将自己视为一款简单的新闻客户端，“今日头条”的本质其实是一款基于数据挖掘技术的推荐引擎，而这才是这家公司从创立至今对自己的定位。作为一款推荐引擎产品，新闻资讯只是它所承载的内容而已。

正如人们提到谷歌和百度的时候会自然而然地联想到搜索引擎，我们希望在不久的将来，大家提到“今日头条”的时候，脑子里应该浮现出的应该是“推荐引擎”这四个字。

“今日头条”到底有什么特别？

在明确了“推荐引擎”这一产品定位之后，再来说说我们跟市场上的新闻客户端产品究竟有什么不一样。

首先，虽然从目前的产品形态上各家产品似乎大同小异，但是从产品诞生的出发点上，我们与老牌的新闻门户完全不同。千万不要小看这一点，出发点的不同决定了许多东西。

对于传统门户网站来说，在最初打造自己的新闻客户端的时候，他们遵循的思路是将原来的 PC 门户“平移”到手机上面，所以，在移动互联网兴起后的很长一段时间里，老门户的新闻客户端就是一个 PC 门户的手机版，仅此而已。

回过头来再说“今日头条”，从创办这家公司开始，我们就非常明确两件事。第一，我们想要帮助用户在移动端上更好地获取信息。第二，我们要用推荐引擎的方式来实现这个目标。

之所以要采用推荐引擎来解决问题，一方面是因为在移动端上的输入不如在 PC 端上那样便捷。在 PC 上，用户已经习惯了通过百度搜索信息，但是在手机上，由于屏幕的限制，输入体验会大打折扣。

另一方面，智能设备本身的功能愈发强大，机器能够采集到的数据也越来越丰富，这也让精准推荐成为了可能。

总而言之，回归产品诞生的起点，我们与 PC 门户对产品的理解就是不一样的。

我从来没有在媒体工作过，因此，在对传媒产业的认识上，与许多媒体人都不太一样。我接触过不少科班出身的媒体人，他们关于传媒、关于新闻，都有着一套复杂的理论体系储备在脑子里。但是对我而言，只有一

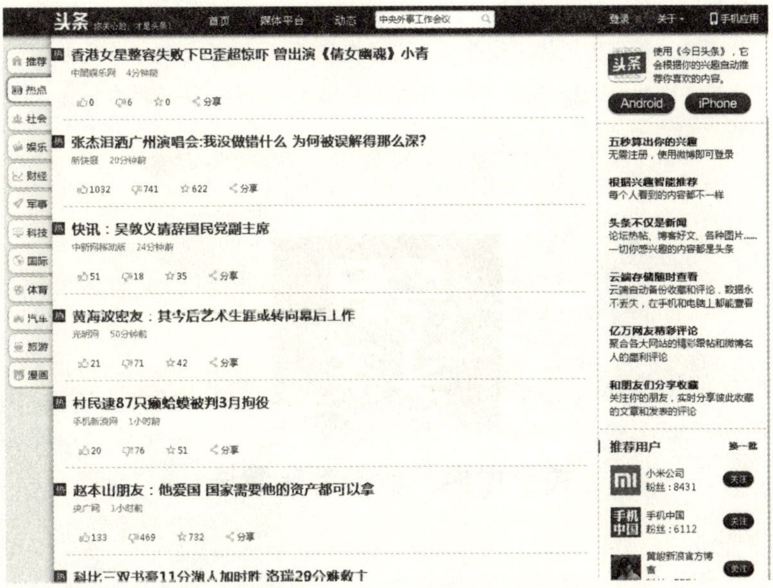

个简单而又清晰的目标——我希望让信息的流动更加顺畅，让每个用户都能方便、及时地获取与他的工作、生活相关的信息。

事实上，我们所处的时代是一个信息过载的时代。很多传统媒体人都将“内容为王”这四个字挂在嘴边，并且认为优质内容的稀缺是当前传媒产业的大问题。

我非常赞同“内容为王”的观点，不过在我看来，优质内容的“稀缺”只是个表面现象，实际上，优质的内容并不像这些人认为的那样少。传媒产业目前存在的问题核心其实在于内容的传播渠道并不通畅，大量优质的内容并不能传播到最需要它的人那里。比如，在社交媒体上，许多已经被多次辟谣过的假新闻依旧会时不时地冒出来被再次传播，其中的原因就在于辟谣信息的分发受阻。

从传播的链条上来看，“今日头条”扮演的角色就是分发信息的渠道，我们自己并不生产任何内容。我们希望充当好一个桥梁的角色，促进内容和受众之间的对接。

很多不了解我们的人都没有意识到，推荐引擎的模式实际上是对传统信息分发链条的一次重构，它前所未有地提高了内容的分发效率。

相信每个人都有过这样的体会，买来一份厚厚的报纸，但真正阅读的内容加起来可能只有一个版。在过去的一百年时间里，人们似乎已经习惯了这样的内容消费方式，并且把它看成是天经地义的事情。但是仔细想想，这其实是一件很可笑的事情，读者为什么要为那些他们不看的内容买单呢？

造成这种现象的原因就在于，内容生产者并不能区分每一个个体用户的喜好，因此必须将各种门类的新闻综合起来“打包”丢给受众，受众再

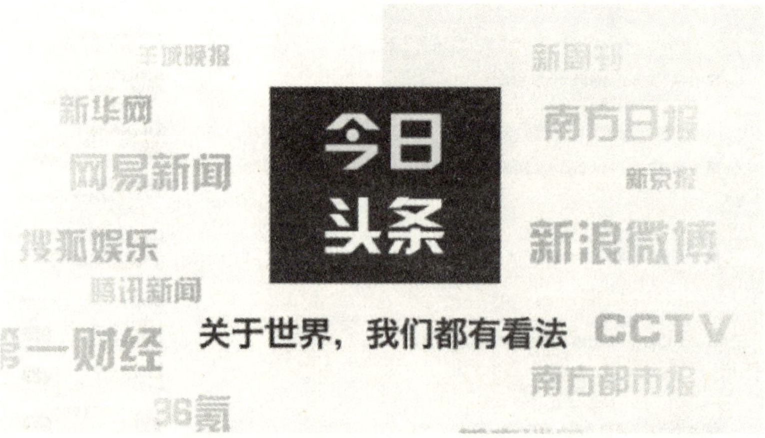

从中挑选自己感兴趣的内容进行阅读。这是一种十分低效率的模式。

“今日头条”所做的事情，就是要改变这种现象。让我感到非常欣慰的是，自从“今日头条”崛起之后，所有老牌的门户都开始模仿“今日头条”，为自己的产品增加个性化阅读的特性，事实上，依据用户兴趣的精准推荐已经成为全行业公认的方向。“今日头条”之所以能够得到许多业内人士的推崇，正是因为我们是当之无愧的行业领导者，如今，我们的用户规模已经超过 1.8 亿，日活跃用户超过 1800 万人。

“解放”媒体人

最近很多人问我，机器的进步到底对于媒体人究竟意味着什么？我的观点很明确，那就是机器正在“解放”媒体人。

为什么这么说呢？

首先，信息分发的效率大大提升，媒体人不用再为内容的传播费神，可以专注在内容的创作上。内容一旦创作完成，就会通过推荐引擎分发到需要的人那里。

前面已经提到过，推荐引擎这种基于用户兴趣、阅读场景的信息分发模式可以提高内容分发的精准性，这一点十分重要。我一直认为，一篇文章只有被最需要它的读者看到，它的价值才能得到最大的释放。

举个例子，一篇新闻报道某小区最近盗窃案频发，对于不生活在这个小区的读者来说，这篇新闻看过就忘了，即便没有看到也不会有损失，但是对于生活在这个小区里的居民来说，这却是一篇十分重要的新闻。看到这篇文章后，他们很可能会提高警惕采取一些预防措施，进而避免财产上的损失。

在这个过程中，“今日头条”又能做些什么呢？其实，通过手机的定位功能，“今日头条”可以知道每位用户的大致位置，我们能够向这个小区以及周边小区的用户推送这条新闻，使他们能够在第一时间应对。

举这个例子，我想说明的是内容和受众匹配的重要性。对于每一位内容创作者来说，当他提供的信息真的对读者起到了帮助的时候，那么我相信他的个人成就感也会大大提升。

机器除了让媒体人能够专注创作外，机器也正在替代记者完成一些重复性的简单劳动。

前阵子参加一个媒体论坛，在圆桌环节同台的有一家来自美国的公司，叫做 Automated Insights。这家公司的背后有美联社、三星等众多公司的投资，它最近颇受瞩目的原因是，几个月前，美联社宣布与它深度合作，采用它的技术来撰写简单的企业财报类新闻。机器人可以写稿子？这听上去似乎有些天方夜谭，但是AI公司将之变成了现实。

企业财报最核心的内容其实就是几张重点的财务报表，这些其实都是有规可循的结构化信息，但是传统的模式都需要记者以人工的方式阅读报表，提炼关键信息。面对动辄好几百页的报表，人工操作的负担非常重。但是对于机器来说，处理结构化的信息恰恰是他们的长处。美联社的执行主编说，目前以人工的方式每个季度能够生产出大约300到400篇企业财报相关的新闻，但是通过引入AI公司的技术，他们预计能将这个数字提升到2000篇以上。

对于记者们来说,AI的技术可以让他们从过去枯燥的工作里解脱出来，将更多的精力投入到深度内容的创作中去，充分释放专业媒体人应有的价值。

当然，对于受众来说，这同样是一件好事。机器可以生产出更多的基础性内容，满足包括长尾用户在内的读者们的广泛信息需求，而被解放的媒体人则会为受众提供更多精品的内容。

从连接人与信息，到连接人、信息与服务

在互联网行业，平台型的产品如何演进一直是大家关注的焦点。“今日头条”未来的方向是什么呢？其实如果你理解了“今日头条”

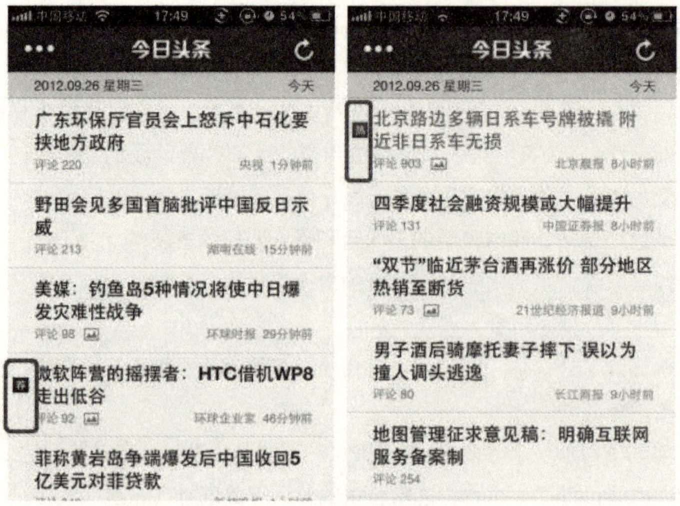

的愿景，那么这个问题的答案就会变得显而易见。

首先对于“今日头条”分发的内容，我需要明确一点：“今日头条”分发的并不是狭义上的“新闻”，而是广义的“信息”。

我们希望为用户提供所有与他有关的信息，所以在我们的平台上，你能够看到许多细分的频道，比如养生频道可以为用户提供各种健康小常识；毕业生频道则会为应届生们提供各种求职招聘类的资讯。

我们目前正在推进的一件事情就是覆盖更多类别的信息。在我们看来，内容的生产者并不局限于大家传统认知上的媒体，政府、公益机构、企业其实都是内容的生产者，比如微博上很有名的“平安北京”最近就入驻了我们的平台。而以社会化营销见长的小米也在头条有自己的账号，他们发布的每篇文章平均都有数万的阅读量。

在第一个阶段，我们希望帮助人与信息更好地进行连接，这些信息不仅仅是新闻。但是这还只是第一步，在完成人与信息的连接之后，我们会希望未来将服务也纳入到这个链条中去。比如可能你在头条上读到了一篇关于《星际穿越》的影评文章，于是萌生了去看这部电影的念头，那么就可以直接在头条的界面上点击在线选座购买。如此一来，人、信息和服务之间就得到了打通。

其实站在更高的角度来看这件事，信息流动速度的加快自然而然也会进一步释放社会的生产力，从而带动整个社会经济效率的提升，而这正是“今日头条”的价值所在。

（作者系今日头条创始人、CEO）

创新是网易新闻客户端生存的基石

□徐诗

徐诗

2014年，人手一机的时代真正到来。手机成了连接人与互联网之间最直接、最便捷的终端渠道。比起1年前，网易新闻客户端的流量又增长了475%以上，从2011年3月22日上线以来，我们已经拥有3亿的APP装机量，过亿的月活跃用户，8000万的日活跃用户。

走过3年多，移动互联网资讯领域，似乎竞争格局从蓝海走到红海。但移动资讯依然在大变革初级阶段，内容依旧是数字化“搬家”到手机、电视、穿戴设备、智能家居上。

我们选择新闻这个入口级产品，也一直在思考，人和人，人和终端、终端和终端的联结逻辑。就像最人性化、逛起来不累的信息大超市。在移动互联网时代，跨越区域、性别和贫富鸿沟，用户获取信息的渠道越来越平等、越来越便捷。这让我们看到使命和愿景，也看到了更多的商业价值。

从整体趋势上看，移动商务类应用在移动支付的拉动下，正历经跨越式发展，在休闲类娱乐应用中，手机网络游戏和手机网络音乐使用率保持快速增长。值得一提的是，新闻客户端在众多应用领域中，仍然保持着稳中有升的使用率，在CNNIC最新报告里，仅次于及时通信和手机搜索，排行第三。资讯类产品看似新瓶装老酒，实则仍是用户刚需。在信息爆炸时代，资讯类产品提供了信息的整合梳理，并依据用户的兴趣标签进行筛选后呈现给用户，使得用户的信息获取更加高效和精准。因此，新闻类产品依然坚挺，移动新闻市场依然前景广阔。

从 2009 年以来，网易即开始在移动互联网方向进行开拓、布局，打造“移动的生活圈”。至今，网易旗下共推出 50 多款移动产品，用户安装总量超过 6 亿，构建起由资讯、工具、社交、娱乐、教育、游戏六大领域组成的信息入口。网易新闻则是公司非常重视和最高投入的产品之一。

移动新闻市场群雄割据

目前移动新闻市场四方势力割据。

第一类是我们网易和腾讯等老牌互联网公司的移动端新闻产品。延续了 PC 的竞争格局，在移动端再度展开激烈的争夺。这不仅是内容的迁移，更是产品战略布局的博弈。无论在资本注入上、技术内容创新上，都是处于高投入的态势。

第二类是“一点资讯”、“今日头条”等新闻聚合类应用，采取“深度链接”进行内容的抓取与呈现。新闻聚合类应用从算法优化起家，早期根据新浪微博等第三方账号、兴趣标签和用户关系的导入，根据使用路径与痕迹进行个性化的新闻资讯推荐，这些技术已经广泛应用于各家新闻 APP。但这类产品缺乏原创内容的能力，在大事件上处于相对的弱势，此外在版权问题上存在一定风险。

第三类转型中的传统媒体。在互联网、移动互联网的冲击下，各大报业集团在下行趋势中寻找突围之路。上海报业集团今年 7 月推出了独立新媒体网站“澎湃新闻网”，人民网、新华社和央视也相继上线了新闻 APP。

最后一类，瞄准分众的细分领域资讯应用开辟了新的垂直资讯客户端

第一届网易粉丝节。

战场。科技、时尚、娱乐、金融等诸多兴趣导向的细分领域土壤催生了一批相关应用，且适应并迎合了兴趣人群的资讯需求，在一定程度上缓解了信息过载现象。以科技类应用为例，36 氪、虎嗅、爱范儿等在 PC 端已经拥有一定知名度的网站纷纷布局移动端，以资讯阅读、标签订阅、离线下载等多样化功能满足读者需求，以小而美的专注争夺市场。

有态度的移动资讯平台

在海量信息涌现的新闻快餐时代，网易新闻客户端秉承新闻专业主义的原则和有态度的理想，引领跟贴文化，坚持打造高品质原创栏目。以有态度的新闻表达培养用户独立思考和审慎判断的能力，为用户提供更开放的态度表达平台。

打造移动阅读节奏。网易新闻客户端率先提出“打造移动阅读节奏”的概念，根据用户的喜好、阅读习惯进行智能定制和个性推荐。面对新闻聚合应用满足个体资讯偏好的挑战，网易积极探索以个性化推荐来把握用户阅读习惯。网易通过更智能、更个性的推荐机制，关注用户在不同情境下的不同需求，帮助用户把碎片时间进行梳理，既考虑阅读兴趣，又兼顾不同时间段阅读习惯。

高品质的原创内容。网易新闻客户端一直坚持高质量的原创内容，在原创内容形式的探索中一直是其他竞品的模仿对象。迄今已推出了《另一

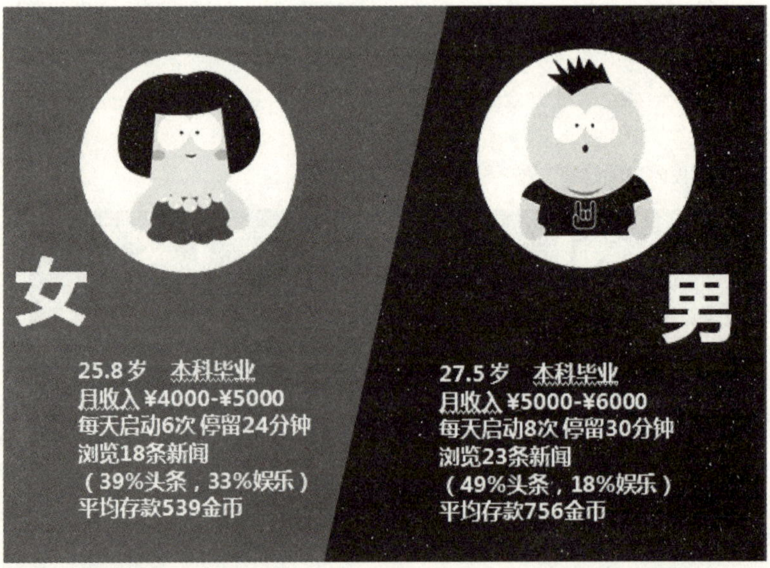

网易新闻客户端典型用户画像。

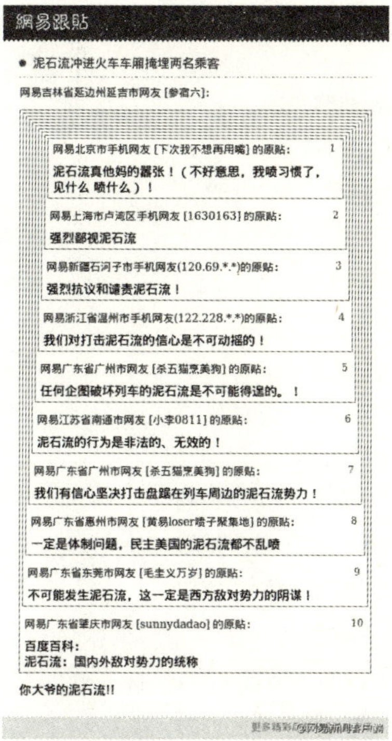

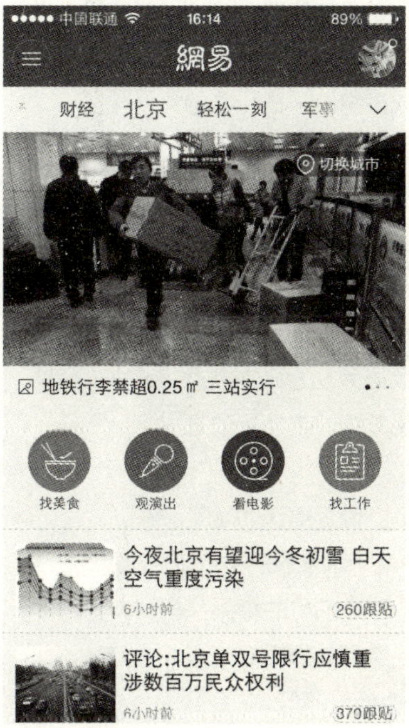

面》、《易百科》、《数独》、《今日环球侃客》、《娱乐 Big Bang》、《娱乐连环画》等四十余档原创栏目，深受用户热捧。王牌栏目《每日轻松一刻》每篇跟贴量都达万条以上，文章平均一篇的 PV 超过 1000 万。明年网易新闻客户端还将大力推进王牌栏目品牌化，围绕品牌栏目开发周边产品，凸显品牌价值。

无跟贴，不新闻。跟贴盖楼一直是网易新闻一大特色，十年来诞生了“挖掘机”、“火星网友”、“局长小李”、“上天台”等网络最 in 热词，已经形成犀利、独特视角的跟贴文化。挖掘机哪家强，正是来自网易网友在跟贴中的创造。4.0 版本后，网易新闻客户端推出了语音跟贴、弹幕跟贴、踩跟贴等更具个性化表达的跟贴功能，为网友们自由表态提供了更多样的选择。

“移动航母”的平台搭载作用。作为一款超级 APP，网易新闻客户端发挥着“移动航母”的平台搭载作用。

首先在内容分发方面，为订阅平台上的数十万个媒体与自媒体，提供了海量用户和变现通道。比如与网易新闻客户端进行独家合作的《张小盒》漫画，在网易获得了数百万订阅用户，进而推广他们的电商产品。

在应用游戏分发方面，“游戏通”是网易新闻客户端在手游分发领域的另一个探索。为用户提供从发现游戏到下载、再到新手礼包、高手进阶的全流程服务，获得品牌和效果双重收获。目前，“游戏通”平台已经在《迷你西游》、《忍者必须死 2》等网易手游的分发上，有很好的表现。数据也验证了我们的月分发流水额，是月营收超过千万级营收的渠道。

另外，我们在全国 300 多个城市设立了本地频道，网易“本地宝”接入大众点评、去哪儿、高德等优质的第三方合作伙伴，为用户提供美食、旅游等贴心服务，为商家直接带入用户和交易，形成线上发现、线下交易的电商导流闭环。

2012 年，网易新闻客户端是第一个开始商业化的新闻客户端。今天，我们在 4.0 版本中开始引入了信息流广告，主要面向商业品牌客户，在一些重点的、大流量频道中推出。在世界杯期间，网易新闻客户端的销售是行业中最高的。

2015 年整体发展战略

2014 年，陈彤离职新浪出任小米副总裁，再一次将新闻门户的转型推向风口浪尖，新媒体向移动终端发展成为业界普遍达成的共识。然而在移动互联网时代，广大用户对于新闻的消费远远超越了 1.0 时代单向度的全盘接收，用户的个性化特色愈发彰显，注意力更加分散，对于垂直领域的深度需求也尤为迫切。在移动互联网市场呈井喷式的今天，移动新媒体如何保持敏锐的触觉，在激烈的行业竞争中脱颖而出迫在眉睫。

2015 年，网易新闻客户端将继续坚持平台化发展战略，推进产品，运营和市场协同发展，全面提升产品功能和气质。突破单一的广播式的新闻传播模式，通过大数据挖掘快速到达用户，深度把握用户需求，提高媒体内容的深度、广度和精准度，同时继续为用户提供更多优质的精品原创内容。未来网易新闻客户端整体发展布局以用户需求为核心，充分利用大数据，坚持输出优质内容，推进产品的持续创新，形成多中心，协作式的互动传播新模式。

借力大数据是网易新闻客户端在数据时代的生成法则。

2015 年，网易新闻客户端将继续对新闻报道、运营活动、热点事件的 PV/UV 等数据进行实时监控，并快速反馈效果，为用户提供最及时全面的深度解读。同时借助全产品线贯通的用户特征数据库，推出最贴近用户需求的内容，实现媒体内容的智能化推荐。这些用户数据另一方面也是对客户端已有功能的直观反馈，为客户端功能的及时优化升级，新功能的调整和完善提供了有效的评判标准。

好的产品一定是让用户有参与感、有归属感的产品。能否更深入地了解用户，让用户不断帮助我们完善产品，将成为新闻客户端未来发展的重点。

网易新闻客户端是第一个建立起用户积分体系、活动广场的资讯类 APP。经过近两年的运营，目前积分用户已达 1200 万，奖品兑换近 2 亿人次。今年的第 4 季度还成立了网易新闻客户端“有态度俱乐部”，在目前积分商城现金支付的基础上，引入俱乐部的概念，为用户打造提供增值服务的平台，全面提升用户的产品体验。

年底网易新闻客户端将盘点一年的用户阅读数据，为每一位用户提供阅读篇数、阅读时长、阅读偏好、阅读时间段、跟贴数、获得赞数、获得金币数、跟贴等级、最近一次提示等级时间、参与活动、带着网易新闻客户端走过哪些地方等统计数据，用全面的年度阅读报告描绘出最生动的用户画像。

客户端将为用户设计一套成熟的成就体系，让用户在网易新闻客户端看新闻、分享和写跟贴的同时，获得相应徽章、跟贴等级、会员资格等。通过金币商城、粉丝节活动、有态度俱乐部等一系列粉丝营销活动，拉近与用户的距离，在产品发展中真正做到以用户为基础，从用户的角度出发，回馈粉丝，服务用户。

优质内容是网易新闻客户端媒体突围的一大法宝。移动互联网时代的趋势是去中心化，信息的生产和传播变得更为快速和及时。原本以媒体为中心的单向度的传播模式逐渐演变成为每一个用户都是一个节点，既接收消息又实时发送消息的多元化的新模式。4G 时代带来了资费的降低和网速的提高，多媒体的媒体属性得到彻底的释放，网易新闻客户端将利用全新的媒介平台，通过图片、视频、音频等全媒体形态，多维度全方位地为用户提供更多优质的精品原创内容，实现“原创的发展”。新媒体中心的原创记者团队，将通过其拥有的业内资源和专业操作手法，生产出真正有价值的独家内容。新媒体实验室也将不断探索，通过 H5 页面等新的传播载体，对新闻专题进行宣传推广。相信原创的回归是对新闻报道最大的尊重，也是对网易新闻客户端媒体态度的完美诠释。此外，客户端还可以为用户提供更多的第三方资讯服务，满足用户多样化的资讯需求。

在这个时代，市场竞争环境有趣又残酷，产品方生方死，如果没有持续的创新，就看不到明天的太阳。公司想要长青，必须勇于自我攻击。我很喜欢《三体》里的一句话，软弱和无知不是生存的障碍，傲慢才是。因此我们的产品始终是保持一个谦卑的心态，不断创新，给用户提供有价值的服务。

（作者系网易移动互联网部总经理）

个性化能否破局同质化
——搜狐新闻客户端 5.0 的朗基努斯之枪

□李超

李超

11 月 18 日，搜狐新闻客户端 5.0 正式改版上线，主打智能混合推荐，以及“下拉一下”轻松玩转个性新闻的操作模式。搜狐集团董事局主席兼 CEO 张朝阳表示：“从 PC 到移动互联网，新闻阅读已经走到‘玩出个性’的时代，这也正是搜狐新闻客户端 5.0 版正在做的事情。”有媒体评价称，搜狐由此开启了阅读“个性时代”的大门。

其实提及新闻客户端，大家早已不陌生。从最早的纸质媒介阅读，到后来 PC 端上的各种新闻网站，再到目前种类繁多的移动新闻客户端，人们的阅读习惯正在慢慢改变。坊间亦有传言，继微信与微博之后，新闻客户端是最有可能拿到移动互联网第三张门票的应用。易观此前发布的报告也显示，搜狐新闻客户端以 48.78% 的用户覆盖比例，稳居行业首位，用户数量已达 2.5 亿，侧面支持了行业对新闻客户端前景的预判。

然而俗话说得好：“外行看热闹，内行看门道。”如果你深入了解过移动新闻客户端的产品及其市场，那么你会发现，其实此类产品还有三大硬伤：

1. **同质化：**扒开这些新闻客户端的外衣，本质都是“聚合”：信息聚合、平台搭建、入口布局。所以我们发现，市面上大大小小的新闻客户端，从 UI 设计、内容分类、推送内容、阅读体验等都非常相似，也就是从内容到功能，都有严重的同质化现象。

同质化严重的新闻客户端（腾讯、凤凰、新浪）

2. **排他性**：严重的同质化必然带来强烈的排他性。由于各大门户和其新闻客户端提供的内容重复率非常之高，用户在选择了一款新闻客户端之后，通常不会再选择类似的产品。

3. **可替代**：同质化导致用户选择转换平台的机会成本低，排他性则导致产品之间的竞争度高可替代性强。作为一款缺乏社交属性的应用，很难有办法让用户对一款产品保持长期忠诚。

综上所述，如果你既了解新闻客户端行业前景的三大传言，又了解其现状的三大硬伤，就必然可以发觉：搜狐新闻客户端 5.0 版并不是一次简单的迭代。而张朝阳主动提及并反复强调的“个性化”也绝非单纯是宣传新版的噱头。可以预言，“个性化“正是搜狐打造的朗基努斯之枪，此次发布会，也许正是新闻客户端行业酝酿暗变的前夜。

当然，所有的故事，都得从产品本身开始说起。

搜狐新闻客户端 5.0 到底有哪些个性化的新功能？

新功能 1：“智能混合推荐”助力内容个性化

早从 4.0 版开始，搜狐就提出了新闻客户端的“个性化”，它采用了以大数据算法推荐新闻资讯的模式，会按照你的阅读兴趣史为你推荐内容，你使用的次数越多，它就会越了解你，给你的推荐就会越准确。不过，这只是“个性化”的起点。

什么是智能混合推荐？在 4.0 版智能推荐基础上，搜狐新闻客户端加入了编辑精选、用户订阅两方面权重，开发出了“混合智能推荐”系统。

其目的是借助搜狐拥有的内容资源和新闻编辑团队优势，弥补机器算法推荐模式的天然缺陷。在5.0版本中，用户用手指下拉一下，包括搜狐编辑部精选的新闻报道在内的用户兴趣所在的个性新闻就会出现。

智能混合推荐的优势在哪里？目前行业内依据机器算法的推荐模式，由于只能获取用户的历史信息，保证个性的同时，很容易损伤新闻质量和容量。而搜狐新闻客户端5.0版重点解决的就是这个问题。搜狐新闻客户端总经理蔡明军认为，个性化新闻需要解决新闻质量和容量等方面的问题："搜狐拥有优质、海量的内容资源和专业的新闻编辑团队，可以在解决这些问题的同时，将个性化发挥到极致。"

新功能2："个性频道"助力关注个性化

互联网每天可以产生数以百万计的内容，如何充分利用用户的碎片化时间，提供给用户最感兴趣的内容，是新闻客户端区别于门户网站的核心思想。对于用户而言，智能混合推荐策略是一种被动的个性化过程，而个性频道则为个性化阅读提供直接入口，在"被动个性化"的基础上实现"主动个性化"。

什么是个性频道？简而言之，用户可以自定义某明星、剧集、事件、产品等为个性频道标签，在客户端顶部的标签栏呈现，用户滑动手指即可阅读，并且可以根据浏览次数智能排序。

个性频道的优势在哪里？我们可以做一个假设，假如你是周笔畅的粉丝，平时你要如何查看她的新闻呢？第一种方法是进入搜狐新闻客户端的搜索页面，通过输入"周笔畅"三个字进行新闻搜索；第二种方法是打开搜

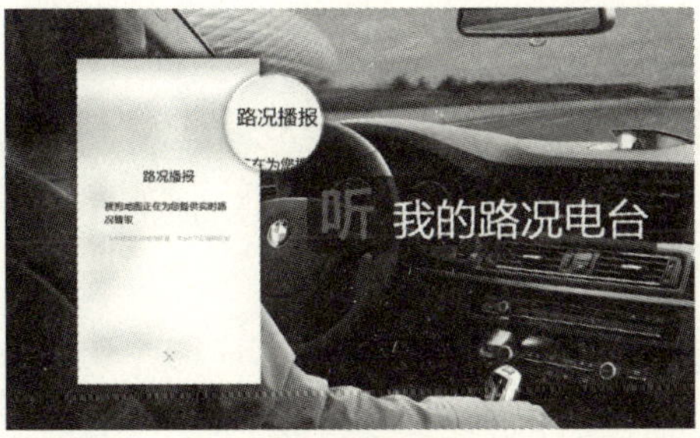

狐新闻客户端的娱乐频道进行翻阅，因为她在这个频道的曝光度比较高。

总而言之，前一种方法费力，后一种方法费时，而现在，只要把周笔畅定制为我们的个性频道，就可以及时看到她的全部新闻，不仅节省了时间和精力，而且有效地提升了用户体验。

新功能 3：“语音路况播报”助力服务个性化

搜狐新闻客户端总经理蔡明军先生在发布会上提出了这样一个概念：“新闻即服务”，说的是新闻在移动互联网时代不应该仅仅是资讯，而且能够直接为用户提供有效的帮助和服务。搜狐新闻客户端与搜狗地图合作推出的语音路况播报就是这样一种新闻服务的尝试。

什么是语音路况播报？当你点开搜狐新闻客户端 5.0 版右上角的个人中心，再点击“路况播报”后，搜狐新闻客户端将切换到电台模式。在这个模式下，搜狐新闻客户端将依托搜狗地图的云服务，自动搜索你附近几公里的路况信息，并通过声音自动播报给你，整个过程无需用手操作。

语音路况播报的优势在哪里？这项服务其实可以类比我们经常在路上听的“1039 一路畅通”电台节目。但和他们不一样的是，当你身处中关村地区，朝阳路的拥堵信息不会干扰到你，就像是专门为你服务的个人交通电台。

总而言之，相比前版，搜狐新闻客户端 5.0 功能上更加智能化，界面上更加年轻化，体验上更加个性化，不过其改变是否能够让用户认同并买单，还需要在实践中检验。

搜狐新闻客户端 5.0 如何应对挑战？

之前讲过，新闻客户端行业同质化严重，市场竞争激烈，搜狐新闻客户端的主要对手除了腾讯和网易这样的老对手，还出现了一些新对手，主要代表就是同样主打智能推荐的“今日头条”。一个是江湖前辈，一个是后起之秀，前者在内容来源、新闻质量、媒体版权等方面多年沉淀而来的优势自不必多言，但对于用户而言，最终的胜负还是取决于两者均视为核心技术的智能推荐功能的体验对比上来。

最早的智能推荐机制来自 Google News，后来在 Amazon 上发扬光大，它在新闻产品上的表现主要就是借助强大的数据采集、分类和提取技术，根据以往浏览的文章为用户赋予各种“标签”，然后再针对这些“标签”为用户推荐内容。随着阅读的时间越长，系统就越了解用户，推荐的内容就越精准，这也正是今日头条采用的方式。

不同于“今日头条”，搜狐新闻客户端的智能混合推荐策略不仅提供了下拉刷新的个性推荐模式，而且保留了编辑人工推荐的机制，原因主要在于：新闻拥有社会价值和私人价值两种属性，社会价值越大的新闻，越依赖有经验的编辑进行运营，例如重大突发新闻；相反的，私人价值越大的新闻，则越有可能进行个性化推荐，例如垂直行业新闻。然而因为新闻的本质还是更多的要服务于社会价值，就算是垂直行业的新闻，也会有社会价值大于私人价值的情况，依然很难离开人工推荐。

笔者也发现，早期喊出口号完全基于机器来决定给不同的人看不同内容的“今日头条”，也在通过弹窗的形式进行编辑推荐，以此弥补机器对大事件报道方面的不足。

所以说，在未来很长一段时间内，最好的新闻推送机制一定是融合两种形式而成的，一种是由编辑人员基于经验判断进行 B2C 式的推送，另一种是基于用户喜好、行为的个性化自动推荐。当然，只有进一步提升推荐智能化的程度，不断地减少编辑的推荐，才能建立真正的移动互联网时代的优质内容筛选和呈现机制，这也正是今日头条的机会和价值所在。

从搜狐新闻客户端 5.0 看新闻客户端行业的未来

在移动互联网大潮席卷之下，移动化和社交化使内容不再是唯一“王者"，新闻产品将成为移动时代的基础服务，传统门户网站的转型已是势在必行。从目前新闻客户端市场的特点及搜狐新闻客户端 5.0 版的改变上不难判断，未来的新闻客户端行业的大致趋势已定：

1. 市场格局基本稳定，新闻巨头将从内容开始实现全面垄断

目前搜狐、网易、腾讯等新闻客户端用户均已过亿，新闻类 APP 已经成为继社交 APP 后的又一大红海，新入者很难搅局。

2. 个性化与差异化是新闻客户端产品能否进一步发展的关键

面对严重的同质化、排他性和可替代性，新闻客户端产品的个性化与差异化迫在眉睫。平台化起家的搜狐率先打出了个性化的王牌，后入者如澎湃新闻等则深耕垂直行业新闻，这一切既是自身发展的战略需要，也是迫于市场竞争的自保之举。

3. 社交属性与用户体系是新闻客户端产品必须解决的难题

社交属性与用户体系，是未来互联网或移动互联网世界的底层结构，高效的商业模式，都必须建立在用户关系的基础上。缺乏社交属性是开放平台型应用的硬伤，对于新闻客户端类产品来说，虽然有登录功能甚至阅读圈（搜狐）和积分商城（网易），但其社交与用户体系几乎可以忽略不计。新闻客户端若不及时构建其用户体系，最终错过的是精准用户行为数据积累，很可能会阻碍其进一步商业化。

4. 新闻客户端必将浏览器化并重新搭建内容搜索的生态体系

随着新闻客户端内类别和内容的不断增多，用户在日常阅读中也逐渐形成了对新闻客户端的依赖性，提供全网新闻搜索功能，也就是浏览器化，正是基于新闻客户端产品形成的新的生态体系。拿腾讯新闻客户端举例，它的新闻搜索入口不仅包括站内新闻，甚至包括腾讯微博。移动搜索的本质是延续 PC 习惯的一种行为，满足用户在"长尾"里面找内容，基于此，新闻搜索也有可能成为各大新闻客户端新的竞争点。

总而言之，虽然整个新闻客户端行业的发展方向是可以预期的，但是随着搜狐新闻客户端 5.0 祭出了"个性化"的朗基努斯之枪，市场背后的嬗变已经开始悄然进行，矛盾相交，势必再次搅动这伟大的新媒体时代。

（作者单位：搜狐移动新媒体中心）

我们不能让它安静地躺在那儿死去
——从“南都DAILY”的发展说开来

□黄治军　郑逢得

黄治军

2012年5月13日下午，新当选的广东省委常委集体亮相媒体见面会刚刚结束，“南都DAILY”的百万iPad用户便第一时间收到了带有推送提醒功能的“电子报号外”，号外内容涵盖媒体见面会现场、13位常委的从政经历以及展示每位常委个性化风采的图集。

同年底的十八大期间，时任广东省委书记汪洋在看望广东媒体记者时称经常看南都客户端，这个客户端就是指“南都DAILY”。汪洋的评价是：“你们南都做的移动客户端很好，我常看。”此时，距离2011年6月“南都DAILY”上架，仅一年半的时间。

从2011年上线到现在，南都DAILY累计装机量已达138万，但在众多优秀APP的冲击下，面临的问题却是阅读量和活跃用户数持续下滑，我们不能让它再继续沉寂，我们要给出“救赎之道”。

弄潮之初

2011年6月8日，《南方都市报》推出阅读类免费应用“南都DAILY”，这是一款主要针对iPad用户的免费应用。此时，距离2010年1月，苹果iPad发布刚刚好也是过去了1年半。在iPad诞生的一年多里，平板电脑在全球掀起的风潮一浪高过一浪。而“南都DAILY”作为全球首批推出的中文媒体 iPad 应用之一，一经推出即受到广泛关注，连续数周在苹果商店报刊杂志类应用中排名第一，并持续在新闻类及报刊杂志类中名列前十。

当时，“南都 DAILY”的做法是，虽然依托纸质《南方都市报》及其采编团队，但并非原样复制，以“日报式更新周期、杂志式阅读体验”为理念，在内容结构的设定上完全不同于《南方都市报》，设置评论、视觉、重大、时事、漫画等板块，侧重重大新闻时事，注重视觉体验，走的是内容精炼，设计精美的“高大上”路线。以当时《南方都市报》的品牌影响力，恰逢 iPad 风潮，又是首批中文 iPad 应用，得到苹果商城推荐，“南都 DAILY”把握了天时地利人和，可谓内容渠道双风骚，下载量屡创新高。到 2011 年年底，“南都 DAILY”上了 App Store 2011 年度最佳应用排行榜，荣登报刊杂志类推荐首位。这是“南都 DAILY”下载量飙升的日子。

从诞生之日起，“南都 DAILY”就刻意淡化地方媒体的痕迹，弱化地域色彩，力争把握中文世界，在用户空间分布的把握上，内容突出呈现涉及公共利益的重大新闻和重要评论，重点版块选取的往往是全国新闻，尤其在封面制作上，全屏图片加大字标题，态度表达直接，对灾难新闻也不回避。这是“办中国最好的报纸”的《南方都市报》所传承给“南都 DAILY”的理念。内容优势是显而易见的，迅速为这个客户端应用赢得了认同、声誉。

“南都 DAILY”短时间内积累了百万用户，并且通过纳入南都全媒体产品矩阵进行打包销售策略，实现了年广告额破百万元。

发展之困

2012年12月15日,一直是“南都DAILY”学习对象的应用——“THE DAILY”——这个在默多克口中曾经“令人兴奋不已的杰作”“身亡了”。昔日的豪言在争议和期待中有了其黯然的结局，“THE DAILY”这样一个新兴的、有活力的新媒体终究未能够在平板电脑时代中取得自己的容身之地。iPad上的APP经济仍然是“用户至上”，走收费策略的“THE DAILY”自始至终的用户徘徊在10万左右，距离50万用户的“盈利点”还有很长的距离。人们在围观“THE DAILY”的尸体时，有这样的评论：“THE DAILY”这种自我封闭的做法在开放共享、渠道多元的互联网时代要么太过自负，要么太过冒险。”

“南都DAILY”走的是免费的道路，广告销售模式必须建立在持续用户增长的基础上，如果用户持续增长，广告模式的运营方式可能持续走强。但“南都DAILY”并未能保持强势的用户增长。原因大致是：渠道不畅影响最大，次之技术薄弱，再次是内容阅读体验单调。

作为基于iPad的应用,“南都DAILY”最仰仗的是苹果应用商店的推荐,当初“南都DAILY”靠着先人一步的反应在苹果应用商店获得推荐一炮而红。短短几年内，那些醒悟过来的人促使了不知多少APP应用的诞生，“南都DAILY”自然就失去了苹果应用商店的推荐,也就失去了其最大的推广渠道。

我们也发现问题所在，不断对“南都DAILY”进行版本迭代试图抢回渠道，无奈纸媒办网，本身的技术人才储备就远远达不到要求，苹果的硬

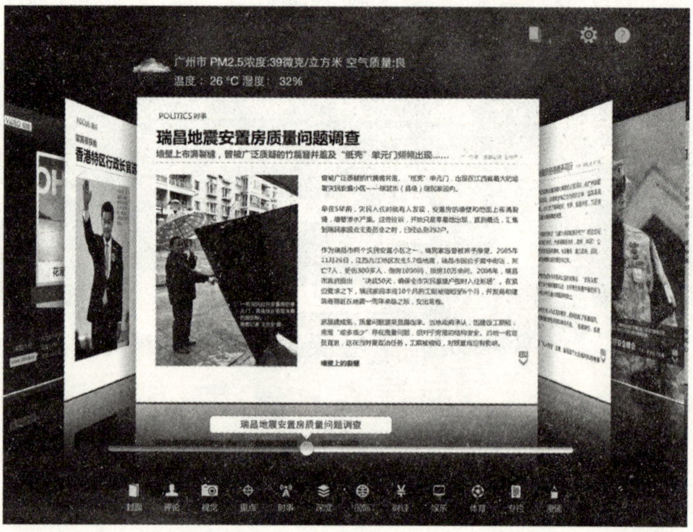

件和软件系统不断更新，网站要想在技术上跟上难度很大，新的版本纰漏不断，闪退现象愈发严重，用户体验日趋平庸。

就单一产品而言，“南都 DAILY”有很多用户体验是不足的。首先，其多媒体内容形态是缺乏个性的，吸引力不够。当初的主创人员是希望这个应用是有其独有的媒体形态，不是《南方都市报》的附属品，更不是报纸的电子版。但“南都 DAILY”其实仍然沿袭的是纸媒图文结合的路数，往往是搬报纸的内容在客户端呈现，只是多了个精选的步骤，而稍有点多媒体形态影子的视频节目，脱胎于纸媒的视频内容生产提供无论从专业水准还是从视频数量上都显得竞争力不够。其次，在客户端展示形式上，“南都 DAILY”一贯做法是大图精美排版，这的确有冲击力，有一些吸引力，但仍然属于静态展示，多媒体前端的很多特效并未能做到，或者说无法满足日常生产所需。“南都 DAILY”的技术和设计人员是可以偶尔完成一些作品，但只能作为欣赏和案例，人才不足，使得较高水准体验的内容往往无法形成固定制作周期，自然也就使得整个应用日趋平庸。

重新出发

这是被称为移动互联网的时代，人们愿意花费越来越多的时间在 APP 应用上。市场调查机构尼尔森发布的数据显示，用户目前每天花费在手机上的时间越来越长，安装的 App 数量也越来越多。2011 年，每个用户每月平均使用手机应用的时间为 18 小时 18 分钟，而现在，这一时长增加到了 30 小时 15 分钟。暴涨的还有不计其数的 APP。

占有用户时间，即占有商机，这是浅显的道理，这是 APP 的价值所在。只是这无数的 APP 中被用户选择并安装的，也就那么一些重量级应用，大多数的 APP 都在沉寂。“南都 DAILY”要想重新占有用户时间很有挑战性。

在南方都市报版面优化后不久，“南都 DAILY”在 2014 年 7 月左右进行了一次全面的改版。这次改版首先就全面分析了此前的得失经验，并从统计数据着手调整。此前”南都 DAILY”占用用户时间大致为 12 分钟，内容屏数为 50 屏左右。改版首先从内容着手。

“南都 DAILY”2014 年的改版选择了深阅读的方向。在内容上弱化时效内容，即不一定选取最新新闻内容，可为往日信息，但聚焦每日焦点策划主题内容进行深度挖掘；“南都 DAILY”强化视觉体验，增加数据图文的制作力度。为了兼顾碎片化阅读与深阅读的平衡，整体框架内容区分浅阅读和深阅读，并以图文划分，共 4 大板块，分别为速读、图闻、图刊、深读。后来，在推出新版本后，根据读者调查显示，7 成的用户期待深度内容，但也有不少人希望可以阅读评论文章，“南都 DAILY” 适当增加了评论板块。从 10 月起，又在周六固定制作特刊。

与内容相匹配的是产品设计强调简约干练，用黑白配的硬朗风格来彰显出”南都 DAILY”的品质有深度、有态度。目前 APP 应用在前端界面和功能设置上同质化严重，UI 界面，多媒体呈现，操作方式，栏目设定，分享，投票等等，都高度雷同。因此，我们并未在设计上过分标新立异。

在技术层面，整个编码框架调整了，更具有扩展性，适合于增量更新。这是更具灵活的做法，可以满足版本根据需求进行不断迭代，如随后在 11 月中，进行了一次迭代，提交适配 iOS8 的新版“南都 DAILY”。这次改版，还从技术上消灭了此前版本一直存在的闪退问题。

服务永生

这些年，大数据、云计算、新闻聚合、个性推荐成为大家乐此不疲的话题。技术的运用将一些个性化阅读 APP 应用推向了成功，如今日头条、zaker 等，这是有着明显“技术含量”的创新，也吸引风投对个性推荐阅读的看好。但对我们来说，技术门槛和资金成本都过于高昂，很难借鉴，但从重视个性重视服务出发值得我们去思考如何扬长避短。

最近朋友圈疯传一篇文章《App 已死，服务永生》，提到了 App 的快速

增长期已过，并且几大开放平台提供了更低成本，更高效的服务提供方法。但对我们“南都 DAILY”这样一款装机量过百万的客户端来说，我们不能让它躺在 iPad 桌面的一个角落安静地“死去”，我们要让它“活”过来。

我们或许是错过了最佳的发展机会，现在只能先从自身的改进做起，积极探索。客户端应用必然是互联网世界的一个重要渠道和入口，任何媒体在融合发展过程中，必然少不了这一载体，尤其是移动互联网时代，没有媒体不想在这方面取得突破。我们认为，“南都 DAILY”依然还有其发展空间，重新出发且努力吧。

（作者分别系奥一网首席内容官、南都 DAILY 主编）

移动互联时代的媒体生存

□栾轶玫

栾轶玫

当下对于媒体生态而言，最重要的两个背景，一个是“移动互联”如期而至，一个是“融合时代”真正到来。在这两个背景下，“融媒体”便顺势成为一种媒介理念与操盘指南；而“移动互联”将在未来的十年中持续改变媒体业态。它具有四个特质，首先，任何商业都将“互联网化”；其次，任何品牌都将“人格化”；第三，任何消费都将“娱乐化”；第四，任何流行都将“城乡一体化”。这些特质有利于我们在创制媒介产品、塑造媒介品牌、制造媒介终端、开掘媒介客户方面做到更准确的判断。移动互联时代，媒体该如何实现“优质生存”？

融媒体：融合的介质、模糊的边界

融媒体时代是一个创新时代，首先是理念上的创新。比如对于“媒介”的理解，随着新生事物的不断加入，其外延将更加广泛。诸如，星巴克、7-11快捷店算不算媒介？在媒介研究大师麦克卢汉笔下，“媒介是人体的延伸”，媒介可以是万物，万物皆媒介，所有媒介均可以同人体器官发生某种联系。在融媒体时代，媒介的定义处延必然地会更为宽泛，“媒介就是渠道”，所有能将传－受双方互联互通，并承载信息、意义与文化的介质都可以被看作是媒介。无疑，星巴克之类的必将会成长为新兴媒介，而目前他们也是我们这些传统媒介可以利用的，非常好的“辅媒”！

理念的创新，除了扩展对媒介既有的狭义理解之外，还意味着对传统媒介产业链的新认识，媒介的产业链不再仅局限于新闻生产、交换、消费等环节中，产业链的线条也会因新媒体的加入而有新的变化。融媒体带来的一个最重要后果即“媒介之间的边界由清晰变得模糊”，因此，“打通”是融媒体时代模式创新的关键。

移动互联：世界互通互联、创意万众生产

4G以及未来的5G将不断激发出移动互联的生命动能，随着手机成为现代人的“标配”，基于移动互联的各类媒介产品应运而生。在移动互联时代，媒体的获利模式主要有两种，一种是成为移动互联的“内容提供商”，通过内容贩卖获利，比如开发相应的内容APP，供移动端人群下载。另一种是成为移动互联的“服务提供商”，通过研发相应的服务，如移动定位、手机查询、移动社区等而收取增值费用。移动互联的其他服务如“移动即时通信(IM)”和“移动电子邮件”因其清晰的收费模式，媒体也能从这两种业务模式中收获应有之利。此外，基于位置的信息服务也非常有发展前景。但对于大多数媒体而言，一般会选择设立自己的APP，将原有传播疆域扩展到移动端，从而实现传统媒体的移动化生存。

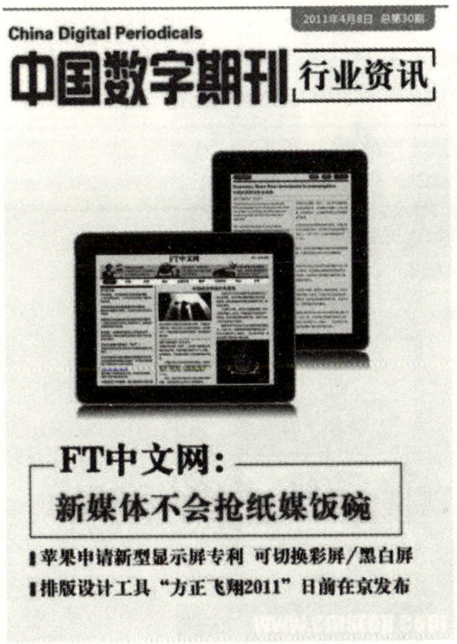

移动互联时代媒体的“APP生存”

世界越来越“互通互联”，创意内容越来越“万众生产”。具体到移动互联时代，以大部分媒体选择在移动端推出自己的“APP”为例，在浩如烟海的 APP 中，媒体 APP 如何脱颖而出？本文尝试从“内容、形式、用户、推广、赢利”等多个层面来思考移动互联时代，媒体 APP 该如何生存。

1. 多元即时与不可替代的内容

目前大式数传统媒体 APP，并未整合 UGC 及其他信源，只是将自己母体资源照搬到移动端；而实际上新闻 APP 信源多元，主要的信源有三方面，UGC 内容（用户贡献内容），如“鲜果联播”；PGC 内容（专业人士产生内容），如签约了自媒体人的”搜狐新闻 APP“；AAC（算法产生内容），如“今日头条”。

传统媒体在做 APP 时应注意信源的“多元”化，发动 UGC 多多贡献内容，并试图通过签约等形式聚合更多的高质量内容生产者。此外，内容方面还可基于名人或是基于算法“设立排名”，帮助用户筛选有价值的信息。还可设立“筛选分类”，让 APP 成为一个新闻事件的完美记录体，把社会发展及集体记忆都能分门别类地记寻下来并方便查询与提取，这种“类百科全书”的应用，用户是愿意支付小额费用来购买的，这无疑拓展了传统媒体内容赢利的空间。

同时，内容方面的”专属性“也是让自己的 APP 脱颖而出的策略，比

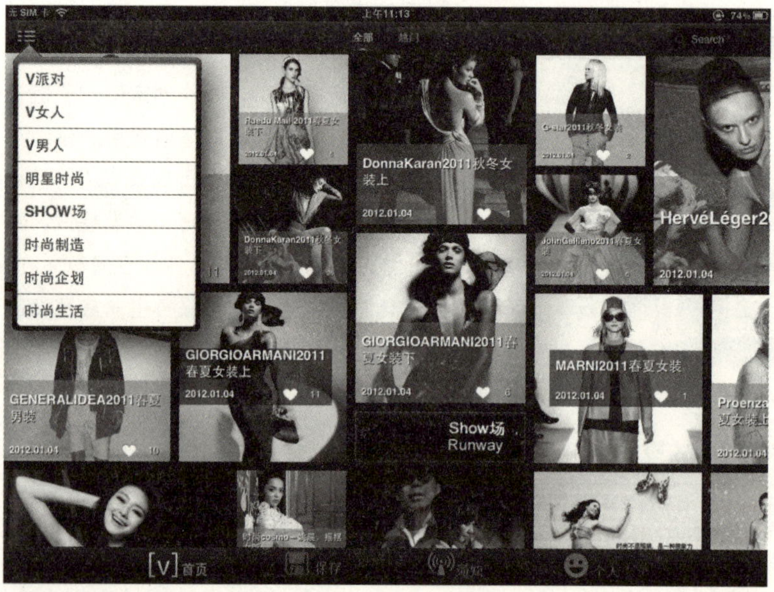

如提供一些 APP 专属信息或组织一些 APP 用户的专属活动，借此保持 APP 的不可替代性。这对已有固定粉丝圈的媒体而言，APP 专属活动可将“线上线下”用户打通，可以实现用户的顺畅引流与对接。

此外，内容方面“即时性”在移动端依然被强调。信息的即时性和丰富性是黏住粉丝的基点，试想一个总是慢半拍的 APP，或者一个总是自说自话，缺乏与用户互动的 APP，怎能留住用户的目光、用户的心?

2. 简洁夺目与稳定亲和的形式

不同的内容产品形态，只有匹配了合适的“呈现”方式，才符合其“媒介性格”。媒体 APP 形式呈现方面应注重“简洁”、“夺目”、“稳定”、“亲和”。

简单与容易操作的设计是一款成功 APP 的必备要素，比如简易的账号申请流程、新消息推送通知、使用者偏好记录与历史资讯查询等。例如，FT 中文网的 APP，其设计清新、呈现简洁；而《彭博商业周刊》的 APP，则兼顾设计感、用户体验与快速发布。

同时，媒体 APP 在设计上还应注意“个性化”与“开放性”，在移动互联网时代，包括上传，下载和浏览都由用户自主决定，因此，无论平台、应用以及终端，都应当遵守开放，自由，公平的原则，让用户真正拥抱最好的体验，才能获得用户的欢迎。

除此之外，APP 本身的稳定性与亲和性也非常重要。以《时尚》杂志 APP 为例，它们采取全新技术，将图片、文字、音频、视频等多种形式融合在一起，视听效果与互动体验兼而有之，非常具有新和性。

3. 内容限免与小额打赏的收费策略

一些媒体 APP 通过下载收费的方式来获得赢利，但目前来看，只有极少的专业性财经媒体 APP 方面能获得一些收入，对于大部分 APP 而言，靠下载获利的这种模式依然前路艰难。在此种情况下，一些 APP 推出了“内容限免”以及“小额打赏”等方式，鼓励用户为内容支付极小额的费用，希望借“长尾效应”来获得收入。例如，英国《经济学人》杂志 APP 让用户每周可以免费阅读三到六篇文章。

“内容限免”是一种成功的营销手段，它可以在稳固原有读者的基础上，不断发掘潜在用户。此外，媒体 APP 也可采取“小额打赏”的方式来实现长尾收费，业内有一个叫“鞭牛士”的 IT 新闻 APP 采用的就是这样一种“打赏”方式，一些文章能获得小额收入。这个 APP 上的文章都是免费阅读的，如果读者觉得好的话可以自行小额捐助以资鼓励。这种方式由向用户“主动索费”到用户“主动付费”，其中充满了游戏的味道，受到不少人的青睐。

如果媒体 APP 推出一些基于资讯的实用服务，例如资料库搜寻功能、将喜欢的文章转为 PDF 档的功能、高画质图表，或是经济分析文章中的详细数据等，对于这些“实用服务”收取极小额的费用，可能会增加用户的支付意愿。比如写论文时学生可能会愿意为一张高清晰度的图表、一些历史经济数据支付小额费用。

媒体还可将自己的 APP 当作客户关系管理系统，通过对用户的分析，制定出用户喜欢的相关衍生品，这些衍生品从创意、设计、生产、销售等各个环节无疑都透着用户的自主与参与，可以说它是一种用户“预订”的衍生品生产模式，这种通过 APP 进行的衍生品贩卖风险相对较低且适位营销，预订模式使得收入较有保障。

4. 强化互动与鼓励分享的用户运营

评价一款 APP 受欢迎程度的主要依据来自 App Store 及 Google Play 等 APP 市场的排名。排名往往受"下载量、评论打分、当天激活率、下载转化率、账号情况“等因素影响。其中"下载量“和"评论打分“两项最为重要，且都 与用户管理相关。

媒体做 APP 要想成功，必须要重视服务与用户体验，可以说 APP 在某种程度上是一个“用户管理平台”，可以通过它建立起与用户的情感链接。比如设立与用户的“互动”环节，如果用户想看某篇文章回复数字几，一来一往中让用户体验到参与感；高互动是提高用户忠诚度的核心，强化互动无疑将增强订阅者的存在感，使其感觉自己与媒体作为一个整体而存在，进而会努力维持这个整体。

还可在用户每次更新APP时奖励他丰富的礼品或者是勋章等精神嘉奖,这可以提升用户的好感与对品牌的忠诚度。最为重要的是建立一套“内容分享”的鼓励机制,这包括“一键分享”,让用户便捷地将标有你品牌“新闻APP”上的内容分享到他所在的各类SNS平台上去，依靠用户力量帮助你推广自己，扩大传播力与媒体影响力。这一点，新闻APP《今日头条》做得非常好，用户看完一篇感兴趣的文章可“一键分享”到微博、微信朋友圈，或者通过短信、邮件、复制链接的方式等多种样式进行分享与保存。

5. 增加多触点外链与新旧媒体互推

如此众多的媒体APP，客观上分流了用户的注意力，容易导致用户粘度降低，要想保持用户粘性，一要靠“增加多触点外链”，二要靠“新旧媒体互推”。

增加多触点外链，一方面是指将新闻APP与产品APP捆绑互推。像网易新闻和网易云音乐、网易有道词典，百度魔图和百度新闻，中搜搜悦和中搜V商的结合等等。产品APP能给新闻APP带来稳定的用户，而新闻APP又能很好地宣传产品APP，二者结合，相得益彰。另外，媒体也可与日常应用，比如“墨迹天气、搜狗输入法、美图秀秀”等APP建立互链，通过它获得传播力与影响力。

新旧媒体互推，是一个互相借力的有效方式。比如说在销售传统媒体过程中，“捆绑连动”销售其APP，可能会行之有效。比如说，用手机扫描纸版《京华时报》上的二维码，当天的《京华时报》的内容将会以APP形式展现在用户面前。

移动互联时代，媒体可借助APP实现优质生存，在整个移动化生存过程中，因先天的媒体基因，传统媒体要扬长避短，发挥自身媒体基因的优势，回避自己在技术与产品基因方面的短板，通过与技术公司与产品公司共同开发自己媒体基因的产品，或者将自己的内容通过好的技术平台传播出去！

移动互联深刻改变了媒体业态，它加剧了媒介融合的速度。对于在互联网的第一个十年“固定互联”时代错过主流阵营的大批传统媒体而言，这无疑是最好的机会，因为，“移动互联”又将所有人重新集合在一条起跑线上！显然，发令枪已然打响！

（作者系新媒体专家，传播学博士、经济学博士后、北京大学兼职教授）

传统媒体客户端：竞争格局与市场突围

□郑青华

郑青华

一、新闻客户端的市场格局

2014 年，传统媒体加快了在新闻客户端领域的布局。6 月，全新改版的人民日报客户端上线；7 月，上海报业推出澎湃新闻客户端；此外，新华社发布、浙江新闻等客户端也纷纷上线。《关于推动传统媒体和新兴媒体融合发展的指导意见》中提出“要顺应互联网传播移动化、社交化、视频化的趋势，发展移动客户端、手机网站等新应用新业态”，这为传统媒体发展新闻客户端提供了政策利好。传统媒体客户端成为 2014 年客户端市场发展的一个亮点。

从网络传播模式来看，新闻客户端属于“大众门户”的范畴。在微博、微信等社会化媒体大行其道的今天，尽管人们对大众门户的依赖在下降，但是我们也并不能否认大众门户的价值。在信息丰富甚至泛滥的移动互联网时代，用户容易陷入“信息迷雾”之中，此时媒体机构对信息的核实、解释、整理，对用户弄清信息与信息之间的结构和关系就显得格外重要。与此同时，传统媒体也需要大众门户来巩固在网络舆论格局中的地位，在这种情况下传统媒体在转型的过程中非常重视新闻客户端。

从产业竞争的角度来看，目前的新闻客户端市场是竞争白热化的“红海”。目前，在新闻客户端市场上有 IOS、Android、Windows Phone 等多

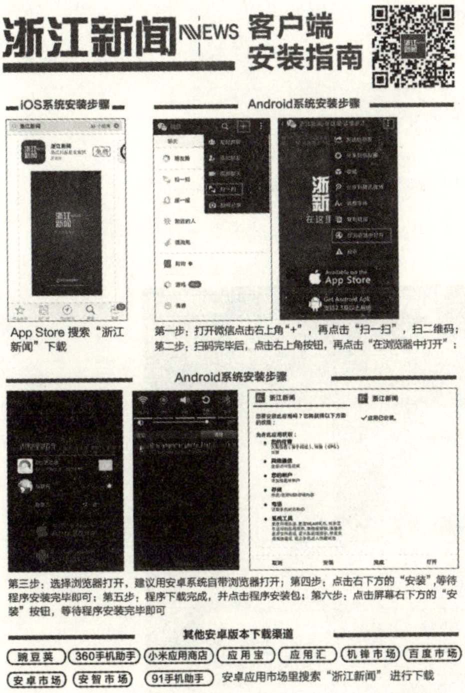

个平台，在每个平台上都有数以百计甚至千计的新闻客户端产品。以Android平台为例，仅仅在百度应用商店里，就可以检索到一百多家新闻客户端，还有很多新闻客户端不能被百度应用商店所检索到如胶东在线客户端、华西都市报客户端等。根据运营主体不同，这些新闻客户端可以分为三类：商业网站客户端，如搜狐新闻、腾讯新闻、网易新闻，二是传统媒体客户端，如人民日报、凤凰新闻、新华社发布等，三是第三方客户端，以“今日头条”为代表。尽管商业网站客户端在市场上占据优势，但是优势并不具有绝对性。新闻客户端在内容和盈利模式上同质化比较严重，产品差异性不强。此外，新闻客户端市场的进入与退出壁垒比较低，创办新闻客户端的门槛并不高，花费也相对较少。总体上来看，客户端市场还比较混乱，抄袭、侵权等事件频发。如何在这样的市场中生存并胜出，就成为摆在传统媒体客户端面前的难题。

传统媒体客户端最直接的竞争来自商业网站客户端和第三方客户端。我们先来看商业网站客户端。在传统互联网时代，新闻网站在流量和竞争上远远落后于商业网站。以流量为例，从Alexa全球网站排名来看，四大商业门户网站腾讯、新浪、搜狐、网易的全球排名一般在10-30名，目前人民网、新华网、中国日报网站、央视国际等全国重点新闻网站排名则在第60名开外。在新闻客户端领域，传统媒体延续了其落后的态势。人民日报客户端目前的活跃用户只有 40 万，盈利更是无从谈起。而截至 2013 年底，搜狐宣称其新闻客户端用户量超过 1.85 亿，活跃用户 7000 万，入驻媒体超过 3000 家，总订阅量突破 8.2 亿，并已经开始了商业化。与第三方客户端相比，传统媒体客户端也并不乐观。今日头条以“你关心的，才是头条”为理念，运用先进的搜索引擎抓取用户感兴趣的内容，满足了用户的个性化需求。其独树一帜的运营方式赢得了用户的青睐，在上线短短两年之后用户量即已过亿。

此外，传统媒体客户端还面临着微信公众号等替代品的威胁。替代品指具有相同或相似功能的产品。微信公众号以其专业性、互动性成为新闻客户端强有力的替代品。与新闻客户端相比，微信公众号的入口内嵌到微信之中，高达 6 亿的微信用户数可以帮助公众号在较短时间内突破流量的难关。微信的熟人圈子等特征也增强了微信公众号的吸引力。从传播模式上来讲，微信公众号具有一对一传播的特点，企业和媒体可以利用微信公众号进行信息的发布和推送、母媒体的活动或产品推广、提供信息衍生服务，与此同时还具有双向传播的特征，企业和媒体可以利用公众号与用户进行沟通互动。当然，新闻客户端也有自己的优势，即纯净、独立，与内嵌于微信的公众号相比，新闻客户端更接近于独立的媒体，可以独立、自主地进行产品的研发，作为媒体的发展前景要强于微信公众号。

二、传统媒体客户端的问题审视

在严峻的竞争格局下，更应该充分反思传统媒体客户端在经营和运作上存在的问题。

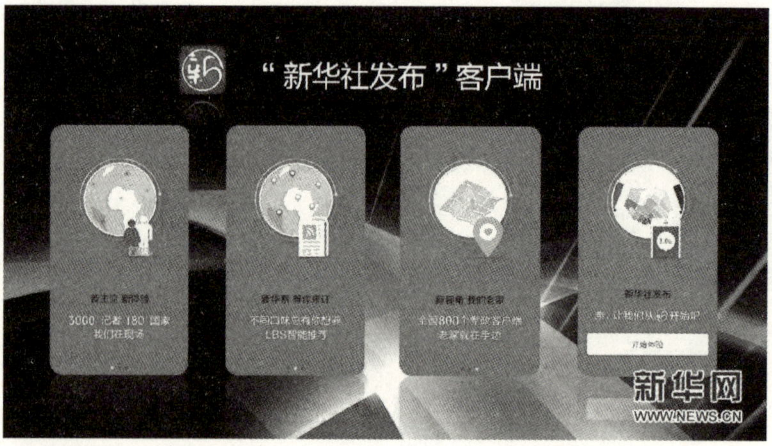

首先，“千端一面”，同质化比较严重。

这里的同质化，不仅指内容的同质化，也包括形式上的同质化和盈利的同质化。传统媒体客户端产品的内容同质化又包括两个方面，一是客户端内容与母媒体内容的高度雷同，很多传统媒体在内容源上完全囿于母媒体，基本上是母媒体上的内容照搬照抄到客户端；二是不同客户端内容的同质化，客户端没有根据自己的特色和定位进行有针对性的内容选择和发布。在形式上，传统媒体客户端均采用瀑布流的版式，几乎都是一个模子，且技术更新非常缓慢，用户体验比较差。盈利模式上，传统媒体客户端仍然采用的是传统门户流量换广告的模式。但是，这种模式建立在用户量和活跃度的基础之上，而大多数传统媒体客户端的用户数都远远没有达到百万级别。

其次，产品推广滞后，营销意识匮乏。

要突破用户量的瓶颈，除了要做好产品创新，营销推广也很重要。商业网站可以利用网站的影响力、优势产品（如微信）与其客户端实现联动，实现客户端产品的推广。但传统媒体“先天不足”，客户端无法借力。在这种情况下，传统媒体客户端的选择是要么在母媒体上做广告，要么求助行政力量。2014 年 11 月 21 日，上线将近半年的浙江新闻客户端宣布用户量突破 200 万。看上去，这是传统媒体客户端产品推广的一大胜利。但是，在这条消息发布约一周前，中国之声《新闻晚高峰》曝光，声称浙江多地中小学校、单位强制学生和职工安装“浙江新闻”新闻客户端；在政府官方网站上可以查到《关于做好浙江新闻新闻客户端推广使用工作的通知》，并附有具体的任务分解表。

再次，新闻化运营模式的前景不确定。

从运营模式来看，传统媒体客户端基本上都采用了新闻化的运营模式，即以新闻，尤其是时政新闻作为其产业链的核心，围绕新闻产品进行产业链的开发。新闻化的运营模式实际上是传统互联网时代“内容为王”的延续。在移动互联网时代，用户需要的仅仅是新闻吗？用户阅读新闻时的形态有哪些改变？对这些问题的思考，再加上腾讯、网易等客户端的游戏化运营模式的成功，都让我们对这种运营模式的前景打上了一个大大的问号。

三、传统媒体客户端的市场突围

在商业网站客户端、微信公众号的夹击之下，传统媒体客户端如何才能突出重围？

首先，利用特色，形成产品差异。

产品差异是市场结构的重要因素，企业实现产品差异的程度决定了其对市场结构的控制能力。传统媒体客户端在产品差异的构建上容易陷入一种误区，这就是认为产品差异主要来自于内容，于是把主要的精力都放到了原创新闻的生产或新闻的整合上。这实际上是对产品差异的狭隘认识。就新闻客户端而言，其差异不仅仅来自于内容产品，技术、功能、服务都可以成为差异的来源。

新闻客户端的差异可以利用经营主体的特色来实现。商业网站客户端之所以做得比较成功，就在于将自身的优势转化为产品差异。以网易新闻客户端为例，网易长期以来致力于做“有态度的门户”，其新闻跟帖盖楼现象成为网易的重要特色。网易把“盖楼”移植到新闻客户端上，凸显了其客户端的独树一帜的特色。传统媒体在长期的运作中也已经形成了自己的特色，但是由于我国传媒市场的不成熟和完善，这种特色往往是在行政壁垒的保护下形成的，一旦放到充分市场化的客户端领域，可能会被迅速消解。所以，传统媒体应该认清自己优势的真实涵义，找到独一无二的、经得起市场考验的优势，并把这种优势内化和转换成产品和服务差异。

其次，向互联网思维的转变。

在中央全面深化改革领导小组第四次会议上，习近平特别强调传统媒体“要强化互联网思维”。互联网思维也正是传统媒体在发展新媒体的过程中最欠缺的一种素质。互联网思维最核心的应该是用户思维，即以用户为中心，进行新媒体平台的建设以及整个产业链的开发。传统媒体在经营客户端的过程中，对小到产品的开发、内容的生产和发布、功能的设置，

大到运营模式，都应该不断反省：是否存在传统媒体思维？是否符合互联网思维的要求？这是一个学习的过程，传统媒体客户端应不断向商业网站客户端学习，借鉴成功的经验，取长补短，逐渐实现传统媒体思维向新媒体思维的转变。

最后，重视用户关系的经营。

传统媒体客户端要扩大用户量，做好产品推广，都离不开用户关系的经营。传统网站经营的重心是建立用户与内容的关系，强调通过优质内容的提供来赢得用户，产生流量。在今天，仅仅停留在用户与内容的层面上已经远远不够了，用户与用户的关系建设成为当务之急。商业网站的经验是用户与用户的关系可以使用积分系统、用户系统、小游戏等多种方式来勾连起来。商业网站客户端这方面已经运作得比较娴熟。如腾讯的“新闻擂台”、“新闻哥”，网易的“金币商城”，其目的都是为了通过勾连用户的关系，增强用户的粘性。传统媒体客户端也要突破思维的局限，积极探索实现用户关系的模式。

（作者系南京大学新闻传播学院博士生、烟台大学人文学院讲师）

记者在路上，真相也在路上

□周亮

周亮

一

《天灾？人祸？獐子岛扇贝谜踪》是《南方都市报》11 月 10 日刊登的财经深度调查报道。

原定在当天出的选题并不是“失踪的扇贝们”，当獐子岛公司抛出公告时，让我狠下心来，将操作将近 3 周的选题放在一边。跟领导报题后，整理了大致的思路，立即前往实地调查。

刚刚进入 11 月，一直以绩优成长公司形象示人的上市公司獐子岛，突然引爆了一颗“地雷”，让市场为之震惊。根据公告，公司前三季度亏损 8.12 亿元，亏损的原因则是由于北黄海冷水团入侵，2011 年底播的虾夷扇贝绝收，总苗量 74 亿枚，有 80% 死亡。

对于獐子岛连续召开说明会给出的解释，投资者依然有不少质疑。从外部人的角度来看，这次扇贝失联事件像一个“迷局”：冷水团来无影、去无踪，茫茫上百万亩海域间，沉在海底的扇贝突然就没了，这究竟是遭遇了天灾，还是人为的财务造假？没人说得清楚。

这个消息无疑是一枚巨型的深水炸弹，对于一直相信獐子岛将实现巨额利润增长的投资者来说，欲哭无泪。面对仍在停牌的獐子岛，未来迎接他们的可能是一个个无情的跌停板。

此次獐子岛事件，其所属行业为农业。农业公司的生物性资产占很大比例，生长周期较长，具有自然增值属性，其会计确认、计量和相关信息披露与一般资产不尽相同，如何科学合理地核算和披露生物资产，一直是一个难题。

獐子岛的事件让一些老股民找到了似曾相识的感觉：10多年前的蓝田股份号称其所产的鸭子只吃小鱼和草根，一只鸭子一年产蛋300多只，比普通鸭子高出1倍以上，而且价格奇高，这样的“金鸭子童话”蒙骗了很多人。此后，“银广夏”“绿大地”“万福生科”等重大造假案例都与农业上市公司有关。

早在业绩大幅下滑的2012年，市场中便不乏指控獐子岛公司“财务操纵”的质疑，直指獐子岛将是下一家“蓝田股份”。投资者目前对獐子岛的主要疑问：究竟是天灾还是人祸？如何证明即将采捕的扇贝确实死亡了？如何证明2011年时确实投了苗？公司的证券代表和董秘含糊其词地回复记者，公司董事长在回复新华社的采访时也答非所问。

这也让投资者的疑虑更深，也是带着这样的疑问，包括南都在内的记者纷纷上登岛进行实地调查。

二

我们在11月4日抵达大连。因为遭遇风浪，来回大连、獐子岛周边海域的交通完全中断。记者继续逗留大连进行周边采访。恰巧当天，有一场海产交易大会召开。竞争对手往往是最了解情况的人。记者以买家的身份跟獐子岛同海域的竞争对手的销售经理打听情况。这也让记者开始了獐子岛的了解之旅。

11月7日，风浪渐息，记者以驴友的身份前往獐子岛。海上风浪大，客船随着波浪上下左右颠簸。

没想到，冬季到獐子岛旅游的人非常少。乘船的基本是獐子岛居民。在船舱里观察到，有几位明显跟周围的人衣着和打扮不太类同。当时估计会不会是同行或者是机构派来调查的人。而恰巧同一艘船就有4位记者同行。在随后的采访中，我们像地下党接头似的，相互表明了身份。

在11月9日，同行的采访手记“媒体大战獐子岛：我们是来旅游的”，在微博上引起热议，同时也为我们第二天见报的调查报道做了很好的预热。

记者刚刚登岛，从剧院路过时，看到剧院门口维稳的标语。记者发现，岛民们拥有了多重身份，既是獐子岛镇的居民，又是上市公司獐子岛集团的股东，不少还是獐子岛集团的职工。

对百万亩海域绝收这样攸关切身利益的事情，不少居民对于獐子岛事件叙述口径几乎相同：“獐子岛事件，公司遇到小困难，肯定能挺过去的。不会给我们的生活带来什么不好的后果。其他的不知道了。”

最后在一位岛民口中获得答案：居委会前一天给他们开过会了，让大家不要接受采访，有工作单位的，单位通知；没有单位的，居委会通知。几个“钉子户”，有专人守着，有生人来访，立刻进来查看。

这让记者采访遭遇到很大难度。我接触了一些村民和集团员工，试图让他们相信我，不会因为接受采访让他们处于麻烦中。

不过随着采访深入，我们还是获得了不少内情。

在獐子岛上，跟岛民交流下来，我发现，獐子岛居民的心态复杂而纠结：他们一方面对獐子岛集团的种种弊病表达着不满，另一方面却希望獐子岛集团不要就此倒下。毕竟，那几乎是他们全部生计的寄托。

也有岛民看不惯獐子岛高层，认为他们在大连享福，岛民只能为他们打工。在其他海岛上，还允许个人承包养殖，而在獐子岛竟然不能靠海吃海，眼前的这片海他们碰不得。

BUSINESS 深度

獐子岛扇贝劫

三

在获知一些情况之后，也为了平衡各方说法，记者联合几家在岛上的媒体记者直接找到獐子岛当地镇政府采访。在政府办公室里面，三个镇政府的官员对着一群记者，侃侃而谈。

被獐子岛集团认定为导致百万亩海域绝收的祸首冷水团。关于“天灾”论，记者随机采访当地居民、养殖户十几人，有老有少，多数人表示，没有听说过冷水团。

只有当地官员在回答记者群访时，不断引用 10 月 30 日獐子岛说明会的观点，来证实冷水团有来过。当被问及灾情说明会上被拿来作专家定性的社科院海洋所，已经明确否认为受灾定性时，当地官员立即转移话题，让记者去问集团高层。

当地的政府人员称，长海县其他区域也存在不同程度的受灾情况。

为了求证受灾的事实，记者在附近岛屿了解情况，不过，附近岛屿的养殖户均表示没有受到影响，今年扇贝是比较好的丰收年。作为竞争对手海洋岛公司，纷纷表态没有受到影响。甚至，长海县政府官网也预计当地扇贝产量出现增产。

对于不少岛民的抱怨，当地官员则强调集团公司对于岛民的贡献，利用公司的分红进行再投资，然后把红利和补贴给到岛民。

四

随着到岛上采访的记者不断增加，不少内情也慢慢浮现。不少居民将扇贝绝收，归咎于当初投苗不足。而且很多员工和岛民都表示，“从外面收购苗种的时候缺斤少两。”而且还涉及高层的亲属。从公司 2012 年的公告中确实能证实发生过这个事情。

獐子岛扇贝失踪事件公告之后，明显影响了整个水产行业的估值。同时也让投资者了解到水产行业的券商报告，甚至是会计师报告，因为没有合理的评估和审计方法，就不能让人完全信服。

采访期间，利用夜晚空余时间把该公司所有公告几乎翻遍了。经过记者梳理和财务专家的帮助，发现公司本来资金压力严峻，百万亩扇贝绝产给獐子岛公司带来的影响也开始显现。

同时辗转找到了解内情的机构投资者，了解关于公司定增的情况，当时大家都觉得出事之后，公司定增肯定要黄，因为连拟认购机构都开始跑路了。果然，在停牌一个月后，獐子岛 11 月 19 日突然发布了增发流产的公告。獐子岛原定的定增方案，本意是为了缓解公司的财务压力，所募集资金也将用于补充流动资金和偿还银行贷款。可以肯定，如今定增计划取消，公司财务风险仍有逐步加大的可能。

目前，监管层的调查还在继续，真相如何，作为投资者需要知情权。我们通过实地调查，也希望更近距离接触到真相，以同行的一句话作为结语：记者在路上，真相也在路上。

（作者系南方都市报记者）

媒体融合

媒体融合

技术驱动与媒体未来

□张旸

张旸

今年是中国全功能接入互联网 20 周年。经过短短 20 年的发展，中国网民规模达 6.32 亿，互联网普及率达 46.9%，互联网产业也成为了中国经济发展的亮点。联合国一份最新的研究报告显示，到 2014 年底，全球互联网用户数量将会逼近 30 亿，其中 2/3 的用户将来自于发展中国家。

互联网对人类的影响之深、影响之广，恐怕让几十年前的预言家、科学家、科幻作家都始料未及。这也是一个“互联网 +”的时代，传统产业向互联网迁移，医疗、教育、旅游、娱乐、金融等传统领域不断与互联网相互交融渗透，以前所未有的广度和深度推动了各个行业在生产方式、发展模式上发生深刻变化，改变了人们的生活方式与思维方式。

作为传统媒体，是最早遭受互联网浪潮冲击的行业之一，也深刻折射了互联网与技术的发展和变迁。

一、媒体被颠覆的时代

传统媒体经历了两次数字化转型。第一次转型的背景是互联网的兴起，第二次转型则伴随的是移动互联网时代的到来。从报纸、广播、电视，到门户网站，再到移动客户端和社交媒体，变化的核心就是受众获取信息的渠道。

以前，人们以报刊、广播、电视、网络等各种渠道来划分媒体，传统媒体的内涵就是生产新闻内容＋渠道或传播介质。信息渠道和信息内容合为一体的，读者买一份报纸或者杂志，买的既是内容（文字和图片信息），也是渠道（纸张本身）；读者只有打开电视，利用电视台这个渠道，才能收看到电视节目内容。

然而，互联网的兴起，使得“所有人对所有人的传播”成为可能，继而瓦解了传统媒体的内容优势与渠道优势。不得不承认，传统媒体已经被互联网和科技所颠覆。

在渠道方面，网络媒体突破了时空观念和媒介限制，表现出极大的开放性。网络中每一个成员可以平等地共享网上信息，只要有计算机、平板电脑、智能手机、可穿戴设备等终端，就可以访问互联网，自由获取信息。受众不用再特意买份报纸，或者利用电视广播获取信息，传统媒体的渠道优势已经荡然无存了。

如果说互联网时代，新闻信息的渠道是网站，那么移动互联网时代，新闻信息的传播渠道就变为手机客户端、社交媒体。中国人民大学新闻学院和腾讯科技近期的一项联合调查表明，2014年6月，中国手机上网比例首次超过PC机上网比例；近8成中国用户会在社交平台分享新闻；近7成用户更多使用移动终端阅读新闻，而依赖电脑看新闻的用户不到1成。可见，用户的注意力向移动端转移，移动端的信息分发渠道越来越重要。

在内容方面，创作内容的门槛极大降低了。任何人、任何机构都可以在网络上发声，都可以注册微博、微信等发布内容，新闻业进入了一个所

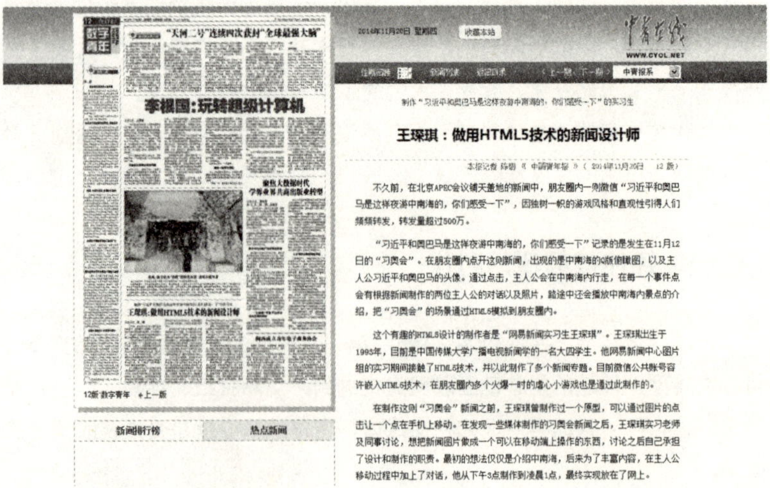

制作“习近平和奥巴马是这样夜游中南海的，你们感受一下”的实习生

王琛琪：做用HTML5技术的新闻设计师

本报记者 陈璐 《中国青年报》（2014年11月20日 12版）

不久前，在北京APEC会议铺天盖地的新闻中，朋友圈内一则微信“习近平和奥巴马是这样夜游中南海的，你们感受一下”，因独树一帜的游戏风格和直观性引得人们频频转发，转发量超过500万。

“习近平和奥巴马是这样夜游中南海的，你们感受一下”记录的是发生在11月12日的“习奥会”。在朋友圈内点开这则新闻，出现的是中南海的Q版俯瞰图，以及主人公习近平和奥巴马的头像。通过点击，主人公会在中南海内行走，在每一个事件点会有根据新闻制作的两位主人公的对话以及照片，路途中还会播放中南海内景点的介绍，把“习奥会”的场景通过HTML5模拟到朋友圈内。

这个有趣的HTML5设计的制作者是“网易新闻实习生王琛琪”。王琛琪出生于1993年，目前是中国传媒大学广播电视新闻学的一名大四学生。他网易新闻中心图片组的实习期间接触了HTML5技术，并以此制作了多个新闻专题。目前微信公共账号容许嵌入HTML5技术，在朋友圈内多个火爆一时的虐心小游戏也是通过此制作的。

在制作这则“习奥会”新闻之前，王琛琪曾制作过一个原型，可以通过图片的点击让一个点在手机上移动。在发现一些媒体制作的习奥会新闻之后，王琛琪实习老师及同事讨论，想把新闻图片做成一个可以在移动端上操作的东西，讨论之后自己承担了设计和制作的职责。最初的想法仅仅是介绍中南海，后来为了丰富内容，在主人公移动过程中加上了对话，他从下午3点制作到凌晨1点，最终实现放在了网上。

谓“自媒体时代”。自媒体时代之下，一般性的、大众化的内容也不再稀缺，稀缺的只是高质量的、独到的优质内容。

另外，传统媒体时代的内容，主要是文字、图片、音视频等。而在互联网时代，内容究竟为何物，需要重新考量。现在，媒体内容已经不是只拘泥于新闻的生产和传播，而应当树立更加宽泛的信息产品的概念。除了传统的新闻报道，图片视频、读者评论、热门话题、交互程序、电子游戏、二维码、数字屏等等，都是媒体生产的产品。新时代的媒体，已经从“内容＋渠道”的媒介，变成了“内容生产＋技术包装＋渠道占有＋盈利模式”的信息产品提供商。

二、技术驱动如何改变媒体生态

作为媒体，实质是利用现有的技术手段，把信息尽可能传递给更多用户，让思想和内容尽可能影响更多读者。技术的发展，给媒体的生态环境带来了巨大的改变和冲击。媒体传播优质内容的本质不变，但是传播渠道、传播手段需要随着技术的发展而变化。目前，也有许多新闻媒体积极做出尝试，密切关注着技术研发，以新技术引领媒体产业发展、驱动媒体转型升级。

1. 全新的内容展现形式

不少传统媒体都有自己的网站，开发了新闻、视频、评论等栏目；许多媒体集团既有自己的内容集成平台，也有移动互联网的新闻客户端。但是，许多媒体只是把自己的内容搬到了互联网上，不能算是真正的新媒体内容。新媒体并非仅有传播信息内容的功能，还具有数字化、多媒体、实时性和交互性的独特优势。在内容的设计和制作方面，媒体要充分利用新技术，有所创新和突破。

如何打造迥异于传统媒体的、更适合新媒体语境的报道方式，许多媒体进行了尝试。《纽约时报》于2013年初推出了专题报道“雪崩”。这组滑雪者遭遇雪崩的新闻故事，通过交互式图片、逼真的影视效果、采访视频以及知名滑雪者的传记等多元化的方式呈现。区别于简单地将内容从“纸”上搬到了“网”上，而是从用户体验出发，真正将新媒体元素与文字相互融合、相互嵌套，带给读者身临其境的体验。“雪崩”获得2013年普利策新闻奖“特稿写作”奖，成为新媒体新闻报道的范例。

不久前，在北京APEC会议铺天盖地的新闻中，朋友圈内一则微信“习近平和奥巴马是这样夜游中南海的，你们感受一下”，因独树一帜的游戏风格和直观性吸引了人们眼球，转发量超过500万。这则新闻记录的是11月12日的“习奥会”，点开新闻后，出现的是中南海的动画版俯瞰图，以及主人公习近平和奥巴马的头像。通过点击，主人公会在中南海内行走，在每一

个事件点会有根据新闻制作的两位主人公的对话以及照片，路途中还会播放中南海内景点的介绍，让人读来趣味盎然。

2. 数据的聚合与挖掘催生新媒体

全球畅销书《社会消费网络营销》作者拉里·韦伯指出："所谓大数据，包括企业信息化的用户交易、社会化媒体中用户的行为、关系以及无线互联网中的地理位置数据。"对于新闻媒体来说，能不能构建大数据平台，能不能采集分析大数据，能不能对大数据进行有创意的挖掘应用，这些将直接影响它在信息时代的竞争力。

号称"我们不生产新闻，我们是新闻的搬运工"的"今日头条"，正是基于数据挖掘成立的媒体公司。作为技术驱动型的媒体，其最大的特点是到传统媒体的网站和门户等网络媒体上抓取各种信息，之后用核心技术"算法"分析信息是否有价值。它还会根据用户微博、微信等社交网站的数据，挖掘出信息偏好，向每个人推荐他最可能感兴趣的新闻信息。腾讯网络视频也已经可以通过用户行为数据的积累，借助腾讯独有的QQ ID识别对用户进行精确画像，完全可以实现基于年龄、性别、场景、地域甚至内容等多元的智能化定向。

美国聚合新闻媒体Buzzfeed、个性化杂志应用Zite等也都用到了数据挖掘和数据分析的技术。值得一提的是致力于在社交网络挖掘新闻的Storyful，它用数据挖掘技术搜集社交网络上的信息，进行核实后，再分发给各种传统媒体和新媒体——路透社、纽约时报、BBC、ABC、ITN和France 24等。Storyful很像是社交媒体时代的通讯社，汇集社交网络上的信息，并且进行核实与鉴别，再为传统媒体所使用。

三、未来媒体会是什么样

目前，互联网传播向移动化、社交化、视频化的趋势发展，大数据、云计算等新技术已经被逐步应用到媒体中，3D打印、可穿戴设备、虚拟现实、全息投影等新技术也日益成熟，将来很可能进入包括新闻在内的各个领域。我们可以预测和想象一下，在技术的驱动下，未来媒体会是什么样。

1. 云平台连接一切

现在，国内很多大型媒体集团都在积极打造媒体"中央厨房"，或者称"全媒体新闻平台"。通过"中央厨房"这个平台的集中处理，能够有效地整合媒介、新闻、信息、人力等各方面资源，实现“一次采集，多次生成，多元发布”的全媒体生产。对于新闻工作者而言，以后的新闻报道和编辑工作，会采取平台化方式，在网络上完成指挥、沟通和新闻信息处理。

今后的媒体会发展成为一个大的平台，把内容、渠道、资源连接起来。PC、手机、iPad、户外屏幕、可穿戴设备等，各种端口渠道在同一个平台上操控，无论是生产者还是消费者，是媒体还是受众，是组织还是个人，都可以在任何时间、任何地点，任意地点使用终端获取信息，传递信息。

随着大数据、云计算和物联网的发展，手机有一天可能会消失，而手表、眼镜、戒指、汽车、桌子、墙壁、洗衣机、房子……甚至一切物体都可以变成互联网的入口，成为移动终端。用户可以在任何时间、任何地点，从任何物体那里连入网络、获得信息、读取新闻。一切物体都可以变成媒介的入口和出口，接入后台的云平台当中。

2. 人工智能的应用

从诞生之初发展到今天，机器人产业在技术革命推动下不断进步，尤其是人工智能技术的应用，进一步加速了机器人实现拟人化的进程，智能机器人行业的巨大发展潜力也正逐渐凸显。在生产新闻方面，随着人工智能、机器学习、数据挖掘等技术的发展，机器人代替人工完成一些辅助性工作已经成为趋势。

Automated Insights公司已经创造

出了能够写新闻的机器人。从事写作的并非实体机器人，而是计算机程序，通过对原始数据进行分析，生成叙述性的长短文章、报表、可视化图形等。AI 有超过 3 亿模板可以供不同的新闻使用，它们在 2013 年就产生了 3 亿篇新闻，目前已经和美联社展开合作，为其撰写短篇财报报道。以色列一家初创公司 Wibbitz 也致力于机器智能生成新闻，其生产的浏览器插件可以把新闻文本内容自动转化成含图片、声音、图表等的新闻视频。这些会自动生成新闻的“机器人”并非要让记者下岗，而是大幅提高新闻的写作效率。

人工智能在传播领域的另一个应用，是大规模的个性信息定制。就像科幻电影《她》所展示的那样，每个人都有个比你更懂你的智能化信息助手，随时给你个人化、个性化、精确化和智能化地新闻推送和信息服务推送。移动互联网媒体的时代，除了内容、形式、社交之外，还有一个要素，那就是场景。分析满足用户当前场景的需求，然后贴合用户需求，推送“符合时宜”的内容并对用户进行需求诱导是场景利用的有效手段。

3. 沉浸式传播颠覆体验

虚拟现实技术，是生成逼真的三维虚拟环境的信息集成技术系统。在虚拟现实中，使用者戴上特殊的头盔、数据手套等传感设备，便可成为虚拟环境的一员，进行实时交互，感知和操控虚拟世界中的各种对象并参与其中的各种事件。简言之，虚拟现实就是用计算机与网络技术创造一个仿真世界。正在热映的电影《星际穿越》举行了 Oculus Rift 虚拟现实版放映会，头戴虚拟现实设备，观众可以体验身临其境处于飞船当中的感受。

与通常意义上的传播和交流不同的是，虚拟现实在跨越时间和空间限制进行交流活动的同时，还传达给用户一种更加完整全面的身体和心理感受，进而创造和产生出一种全新的传播方式，即沉浸式传播。利用虚拟现实，媒体可以让受众身临其境感受新闻事件，体会地震现场地动山摇的强烈震动、雪崩现场的雪浪冲击，也可以建立虚拟社区，让大家在虚拟的环境中“围坐在圆桌旁”讨论话题，或者玩游戏。

由于虚拟现实所具有的传播交流的沉浸性，我们似乎有充分的理由把虚拟现实系统看成是人类传播历史中一个其他媒介无法比拟的新型媒介。虚拟现实普及后，将必然以一种不可思议的方式，重塑我们的社交方式和传播体验。

（作者系人民日报媒体技术公司调研员）

报纸在二三线城市的新媒体机会

□邓春

邓春

还是那句老话：世界上唯一不变的只有变化。到《清远日报》做新媒体已经三月有余，在适应也在改变。工作与之前在南都做新媒体方向基本相同，思维和操作方式上却大不相同。在南都，做新媒体编辑，由于众多的人口基数，任何板块，都会有巨大的粉丝群体，而且这些关注新媒体的群体以年轻人居多，文化水平、学业素质都是相当优秀，所以大家比较会有共同语言，也比较好把握他们的喜好。

在《清远日报》做新媒体，是一个从无到有的过程；但是在清远这里，商业化程度、人口总数和人口构成比例与广州的差别，注定要采取不同的产品形式来做新媒体。

对于个人来说，是新闻内容和新闻产品思维的转变。如果说过去的工作，我比较擅长去通过微博或者微信、或者网站来推荐一篇文章，跟踪报道一组突发事件，那现在的工作就是在这些技能和对新闻判断的基础上面，要去学习怎样做好一个新的产品，去考虑如何通过活动、内容去构成新的圈子，再形成报社品牌。

一、无论传统媒体还是新媒体，各种唱衰唱兴都是把戏

业内业外都在谈新媒体、自媒体，经常会看到某某自媒体平台又拿到

了上千万的融资额，在我看来，新媒体应该是新技术媒体平台、新的媒体数据应用的简称。新的是技术和平台，不是媒体。

传统媒体，尤其是报纸，现在最需要改变的，不是平台，是思维。平台很容易建立，网站搭建，微博、微信账号一开，但是不是说，改变一下媒体平台，这份报纸就改变走向了新媒体呢？

最近时常遗憾，之前在南都的时候，没有与美编去学习更多设计方面知识，也没有去和经营的同事多交流他们对外和客户合作的方式。对于地方纸媒来说，新媒体的出现，考验的不仅仅是报纸媒体技术的进步和新的平台的改变，其实是一个综合的媒体思维转变过程，这里面有技术、有营销、有市场、有管理、有团队、当然最关键的一个因素是人，能做事敢做事的人。

新的工作环境里，除了领导的大力支持外，新媒体平台的每一个因素好像都缺。

做一个单纯微博微信编辑，就采取网络流行的方式，编好每一篇文章，让文章得到高的转发评论或是阅读量；现在做一个产品，就需要从更多的角度去考虑，内容仅仅是产品的一个方面。怎样做好服务、怎样去实现营销效果的最大可能，都是必须加入考虑的。

不断有人在问，如果有一天微博和微信被新的技术平台代替了，媒体

清远日报 星期天

2010年8月22日

QINGYUAN DAILY

整治不力失职者将被问责

抓安全保质量促进度

省电视台到我市拍摄“三边”整治专题片

开发区组队赴江西考察学习

变废为宝　污染为零

以铁的手腕推行“三边”整治

怎么办？我觉得这个问题根本不需要解答，如果微博微信消失，或者不再受到用户的喜爱，那必定会有一个新的平台出现，并且得到大家的喜爱，占领这个平台就是未来的出路。

据国外研究者的发现，我们每天平均摸手机大约150次，手机距离我们的最大距离一般不超过1.5米。每天我们打开微信38次，微博手机访问者比例超过70%。

通过以上数据都可以看到，作为媒体，人在哪里，我们的平台就要搭建到哪里。在刚刚结束的世界互联网大会分论坛上，人民日报副总编辑马利也在说：受众在哪里，主流就在哪里，年轻人在哪里，新媒体的未来就一定在哪里！

纸媒如何发展，我认为都是顺其自然的，就像现在不会有人再问，有了数码相机，胶片机怎么办一样，关键是怎样选择好新的载体和平台。不过，这种发展对于一个三四线城市的党报来说，并不那么容易。甚至还有人短见地认为，他们有各种政务资源可以使用呢。还有甚者认为，现在不是过得好好的嘛，干嘛改变。

二、起步阶段的二三线城市新媒体，面临更多预想不到的阻碍

近两年来，传统媒体的广告收入大幅度下滑，比较明显地表现在一线城市。作为二三线城市，或许还没这么严重，或者还没有那么明显。但是广告收入下滑，是已经不可以逆转的趋势。新媒体

清远日报
QINGYUAN DAILY

省委宣讲团清远宣讲十八大精神

葛长伟主持报告会并讲话

英德将举办英石文化节

本报官方微博达人·佛冈祈福之旅启动

市委宣讲团分赴各地开展宣讲活动

清远：科学发展营造和谐人居环境

尤其移动新媒体时代，仅靠《清远日报》一张报纸已经无法满足需求，迫切需要改革创新、通过新媒体平台的建设来跟上时代潮流，继续发展。

在二三线城市，领导们在认同上已经对新媒体开始重视，大家心理都很清楚，新的媒体平台、新的舆论工具已经出现，并在不断地改变着现有的媒体环境和舆论方向。作为地方媒体，尤其是传统地方党报来说，充分掌握新媒体的传播方式，利用好新媒体，已迫在眉睫。

但就像国内媒体与国外媒体有着天然的区别一样，中国二三线城市的纸媒和一线城市也一样，天生有着巨大的区别，一线城市的报纸发展的经验并不能完全照搬。

更加困难和可怕的是，二三线城市很多记者编辑已经在几十年不变的安稳环境过惯了，改革对他们自己来说就是更加不可能，总把自己当成是传统的机关企事业单位工作人员，成为改革的阻力。

改革的阻力总是存在，但好在在传统媒体机构里，管理层已经觉醒，他们已经知道新媒体的厉害，也知道再不改变，传统媒体即将面临的，就不仅仅是困境的问题了。

三、内容为王，服务也为王，社区化圈子是出路

其实无论是一线城市还是二三线甚至四线城市，对信息的需求和对服务的追求都是一样的。

但小城市的好处就是这是一个熟人社会、圈子更小，更容易传播。

在广州的时候一直喝风行牛奶，清远这边风行牛奶店相对较少，居住的附近仅仅有一家，发现最近又经常关门。有次和本地的两个同事出去吃饭正好路过这家牛奶店。A 同事说，“这家最近关门，是因为他家里出了事情，店主是我儿子同学的母亲。”B 同事马上接话，“他们家因为有老人住院了，晚上才有时间开门，店主是我亲戚的朋友。”我其实想说，你们怎么这么八卦，什么都打听得清清楚楚。

地方更小的三四线城市，是一个熟人的社会，互相之间的家长里短似乎都很清楚，但是，这是不是说他们对信息的追求就减少了呢？其实不然，好事坏事大家都好奇。

他们对信息的追求更加急迫，大家都厌倦了那些家长里短的信息，当一个新的信息出现，而且某个市民又能够提前知道，知道的方式又是别人所没有拥有的，又是大家很关心的问题的时候，可想而知，好奇欲、传播欲有多强。

改变是大家一致追求的方向，一线城市的媒体在追求，三线四线城市媒体也一样，虽有各种阻碍，有各种困难，但改变始终在进行着。

即使是在二三线城市，各种自媒体、网络媒体如雨后春笋般出现，已经开始吞噬着仅有的市场。原有的蛋糕已经在缩小，报纸媒体在新一轮的市场蛋糕中如何改变，如何保持现有的市场并抢占新的市场已经是一个比较迫切的问题。

在大城市，比较容易形成一群志同道合的人的圈子；在小城市，形成的或者早已成型一群熟人圈子。作为一个三线城市的纸媒，在新媒体的发展上，如何让各种小而美的圈子形成，让社区化圈子的建立，无疑是二三线城市比较有效的出路。这就决定了改变中的产品规划再不能大而全，而是要小而精。新媒体在二三线城市的发展才刚刚开始，传统纸媒能否在新媒体发展中抓住机会并发展下去，全看魄力和胆识了。

四、传统纸媒发展新媒体，平台重要，品牌重要，观念改变更重要

大规划，小产品。规划是一个非常庞大的事情，领导们都在想、品牌部门也在设计。但是他们不可能精细在每一个细节上面，一旦规划的产品开始实践，各种问题就会

出现。这个时候需要考虑的是，是这个产品实施过程的问题还是产品本身规划就有问题。实施过程出了问题，都是可以解决的。但是如果是产品本身规划出了问题，那就是一个大问题，就像南辕北辙一样，实施越好，离题越远。

正如《精益创业》一书中所说，在产品规划前，想清楚愿景是一个很重要的问题，这决定了你是否能顺利实现产品的功能，并最终打造品牌。作为转型中的传统纸媒，不管是市场化报纸，还是党报，改变才是唯一不变的出路。但是改变并不是说把报纸丢弃，把新闻缩短，把内容放在微博微信 APP 平台就是转型。提供优质的内容和服务，而且能够让读者有效吸收，并打造出品牌，吸引忠实粉丝，不失为三四线城市传统纸媒的良好出路之一。

（作者系清远日报新媒体编辑）

微信公众号排行榜热的冷思考

□朱建华

朱建华

自腾讯推出微信公众号以来，不少行业都试图通过开微信公众号打造属于自己的网络新平台，希望直接加强与受众联系。随之而来的是，各种微信公众号排行榜也多了起来，而且有越演越烈之势，发布榜单的频率甚至已到了每日一发布。微信排行榜的出现有哪些意义？未来又能坚持多久？是否有赢利的可能性？

一、层出不穷的微信榜单意义何在

现在一批传播专家、媒体人、自媒体人甚至包括一些机构和组织陆续推出了微信公众号排行榜，并且不少已从早前的周榜发展到了现在的每日发榜。

利用搜狗的微信搜索，输入“微信排行榜”显示有相关微信网页4300多个，而如果输入“微信排名”显示有相关微信网页4.8万余条。微信排行榜的热度由此可见一斑。微信排行榜实际上都是对微信公众号的排名。

这些榜单最为显性的价值，在于提供了一个最为直观的数据，可以作为微信运营者和管理者与同行之间进行比较交流的参考。

但这实际上把受众限定在了一个特定的人群之间。其他人会不会关注？即使关注，受众群又会不会很大？如果长期占据榜首位置的都是“老面孔”，长期排下去，会不会造成阅读疲劳？

从长江日报传播研究院发布的四次武汉高校微信公众号周榜来看，虽然会有某个微信公众号因为某篇阅读率非常高的图文信息带来整体名次飙升，但前十强每次基本变化不大。其他微信数据榜也存在类似问题。

二、微信评价指标究竟该如何设计

从目前的现状看，各个微信公众号数据榜公布的数据指标基本上变化不大。

最主要的数据指标一个是周期内微信公众号推送的图文信息阅读总数，一个是单篇图文信息的阅读数。有的还加入了点赞率的统计。这些通过技术抓取都很容易获得。

但一个周期内微信公众号与粉丝的互动、粉丝的增长，内容到底是直接照搬他人，还是整合或原创首发，因为这些目前都难以纳入统计，就不利于全面、客观评价一个微信公众号的运营效果和价值。

另外，就目前能公开取得的数据中，各项指标应该设置怎样的权重，也值得考量。

三、不同微信之间可比性到底有多大

一个区域内的微信公众号可以放在一起做比较，一个行业内的微信公众号也可以放在一起做比较，但这样的可比性到底又有多大？

现在的微信公众号数据榜单虽然是越分越细，有全国性的，有行业性的，有区域性的，但仍旧不可避免地忽视了微信公众号个体之间的差异性。

如刺猬公社微信公众号发布的“综合性日报微信公众号平均阅读数排行榜”，既把党中央的机关报与省一级、省会城市以及地级城市党委机关报微信公共号等放在一起比较，还把南方都市报等市场化都市类媒体与经济日报、法制日报、工人日报、检察日报等这些具有明显行业特性的媒体微信公众号放在一起比较，这些真的就具有可比性吗？其他微信公众号排行榜也同样存在类似的问题。

诚然，都是纸媒，都是媒体，可以放在一起比较。但谁又能否认，“人民日报”微信公众号天然地比地市一级党委机关报的微信公众号具有优势呢。

长江日报传播研究院在发布武汉高校微信公众号榜单时也意识到了这个问题。例如，把武汉大学、华中科技大学与某个职业学院微信公众号放在一起排名比较，其实两者很难做类比。但如果根据高校类型再细分数据榜，那能放在一起比较的微信公众号实在寥寥。

四、榜单可供选取的样本本身有限

据2014年9月在湖南长沙发布的《华中地区政务微信发展报告》显示，截至当年8月底，华中地区（河南、湖南、湖北、江西、安徽）共有政务微信1298个，占全国总量的14.74%。其中公安警务微信以20.03%位列第一，检察院检务微信次之。

按照上述数据推测，全国政务微信的总量当时在8800个左右，平均每个省份不超过300个。如果再具体细分到省级、地市级、县区级、乡镇和街道级，每个层级的微信公众号数量十分有限。

由于主、客观原因，有的微信公众号数据榜选取的样本数本身就不多，同样不利于进行比较分析和排名。这既受限于行业本身开设的微信公众号数量多寡，也取决于能够有效掌握的微信公众号数量。

长江日报传播研究院最初发布武汉高校微信影响力周榜时，高校微信公号数量只有33个。荆楚网制作发布的湖北政务微信排行榜，纳入统计的微信公众号样本数也仅有55个，但最后还从

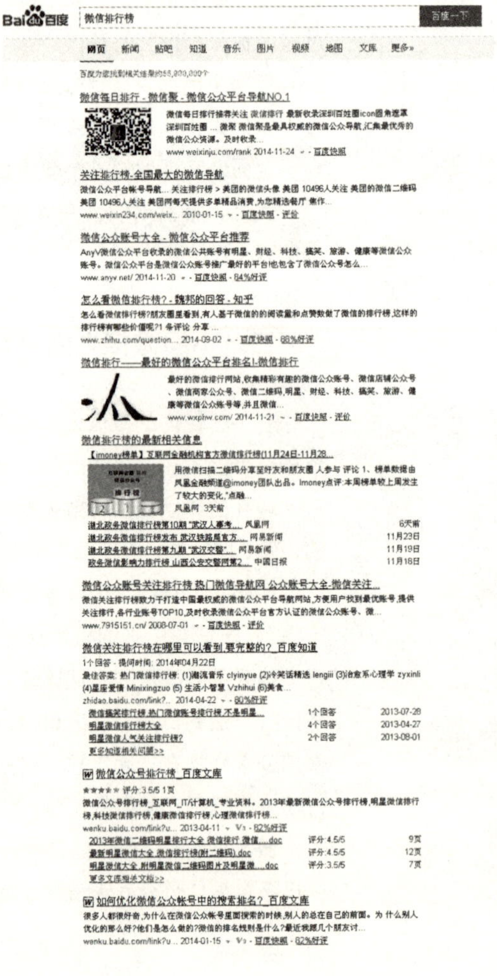

55 个微信公众号中评出了十强。

即便是目前一些号称全国性榜单，纳入统计的活跃微信公众号数量也十分有限，如前面提到的刺猬公社发布的“综合性日报”榜的样本数量也只有 127 家。

五、不要过高估计微信公号影响力

数据显示，2013 年 11 月微信公众号总数超过 200 万个，每日新增 8000 个；而到了 2014 年 7 月，微信公众号总数已超过 580 万，日均增长数升至 1.5 万个。

微信公众号是基于微信的具体应用，只要微信用户在，微信公众号就有其独特的价值和意义。

目前微信的发展势头仍旧不减。2014 年第二季末微信及 WeChat（微信海外版）的合并月活跃账户同比增长 57% 至 4.38 亿。这或许也是微信排行榜比较热的一个原因。如同各种微信运营经验和技巧备受推崇一样。

长江日报传播研究院从 2014 年 9 月 21 日至 2014 年 10 月 19 日，前后分为四次，以周为单位，累计对武汉地区七大行业的微信公众号运营数据进行了系统的抓取统计。数据结果可作为以了解数量上快速增长的微信公众号现状的另一个注释。

这次调查四次累计统计的微信公众号总数 1597 个。其中，一周内没有任何图文信息发布的有 616 个，占比约 39%。这类微信公众号有人称之为“僵尸”。零活跃微信公众号具有普遍性，基本上每个行业都有。

调查还显示，微信公众号每周总阅读次数达到平均水平的占比 11%；每条图文信息达到平均阅读次的微信公众号占比 10%。这也从侧面说明，不同微信公众号的实际运营效果具有较大差异。从单篇阅读次数来看，高于 100 次低于 500 次的占比 31%，1 次到 100 次之间的占比 49%。这表明大量微信公众号实际运营效果不佳。

“再小的个体，也有自己的品牌”。这是微信公众号打出的广告语。如果没有一定数量的粉丝做支撑，推送的信息点击阅读长期不高，作为个体的微信公众号的品牌和影响力恐怕也就无从谈起了。

微信公众号总数已相当可观，增长也十分迅猛，但至少目前，相当一部分微信公共号的影响力实际上可以忽略的。10% 左右已运营的较好的微信公众号，简单的评价排名，对其是否真的具有价值和意义，还是一个未知数。

六、微信数据榜是否有赢利的可能

究竟是什么动力促使众多个体和机构纷纷加入制作并发布微信公众号榜单的行列？单纯的热情？还是纯粹的研究？抑或仅仅是为了打造自身影响力、提高关注度？还是希望作为商业项目运作从中收获真金白银？未来如果还仅仅单纯发布通过数据抓取就能获得的简单数据，还有没有价值？

当越来越多的微信公众号榜以日榜的形式出现时，未来又该如何建立起良性的发展模式？这些都是微信公众号数据榜制和发布者要面对的问题。

微信公众号数据榜未来要想赢利，恐怕首先需要建立一个科学的指标评价体系，提高榜单的含金量。

此外，还可以考虑把数据发布与具体行业、具体微信公众号的诊断、评估、指导、交流、建设以及舆情监控等有机结合起来，这样也许会更有前景。微信公众号数据榜的未来之路，如果能建立起相对完备的第三方评估评价体系和机制，机构比单纯的个体或将会获得更多的空间和机遇。

各个行业和个体其实都有必要重新审视微信公众号，包括制作和发布微信公共号排行榜的组织和个人。不少纸媒新一轮改版中尝试建立微信矩阵，以增强与读者的粘连。其实，一线纸媒人不妨把运行微信公众号实践作为研究移动互联时代信息传播的一个平台，至少有些数据可以为认识和研究移动互联时代的信息传播提供一个有效的数据参考。

（作者单位：长江日报）

传媒业市场化：不可逆转的力量

□郭全中

郭全中

改革开放以来，我国传媒业市场化的进程逐步加快、范围不断扩大、程度加快深化，在 21 世纪之前，市场化的主体是体制内的市场化媒体；而进入新世纪，互联网媒体快速成长，逐步成为传媒业市场化的新生力量；但当时间来到 21 世纪的第二个十年，在互联网冲击和管理体制等多种因素的影响下，脱胎于体制内的市场化媒体开始快速衰落，而互联网媒体开始担当起传媒业市场化的主体。

一、传统媒体逐步市场化

改革开放之前，媒体是完全的政治工具，自然不用谈市场化问题。1978 年，《人民日报》等首都 8 家新闻单位联合给财政部打报告，要求试行“事业单位、企业管理”的经营方针，财政部批准了这一报告，由此点燃了市场化的星星之火。此后，伴随我国经济社会的全面进步，广告市场高速发展，助推晚报、杂志、都市报、交通台、卫视和财经类报纸一棒接一棒，把媒体的市场化引向深入。

1980 年，《羊城晚报》复刊。提出和确定了编辑方针——“反映生活、干预生活、引导生活、丰富生活”；办报原则——“姓党、姓晚、又姓羊，三者缺一不可，次序不能颠倒”。自此，我国传媒业也掀起了晚报的热潮；

1981年，《读者》杂志创刊，之后通过一系列的创新和运作，成功打造了中国第一大刊；1981年《中国青年报》首开星期刊之先河，开辟4开8版星期刊，是国内报纸关注休闲的开始，也是周末版的源头；1984年，《南方周末》创刊，立下了“可以有说不出的真话，但绝对不说假话”的编辑方针，此后，一纸风行30年；1985年，《洛阳日报》实施自办发行；同年，《知音》和《南风窗》创刊；1986年，第一家全直播的广播电台广东电台珠江经济台开播，珠江台在“节目主持人”、“大板块节目”等方面进行探索；1987年，《广州日报》率先扩为8版，拉开了“厚报化”的报业市场激烈竞争的序幕，不仅探索出了党报和都市类报纸成功相结合的办报路子，而且开启了都市类报纸的厚报和早报的新时代。

1992年，全国首家购物报《精品购物指南》在北京问世，标志着消费类的媒体开始进入快速发展通道。1993年，北京交通台创立；《时尚》创办，开启了时尚消费类新时代；中国电影发行改革开始上马。1994年，上海东方明珠股份有限公司在上海证券交易所上市。1999年3月25日，湖南电广传媒股份有限公司在深交所挂牌上市，成为真正意义上的“中国传媒第一股”。2004年12月13日，北青传媒在香港交易所上市，成为中国“报业海外第一股”。1995年，陕西省侨联主管的《华商报》创刊。1996年，广州日报报业集团成立，成为我国第一家传媒集团；同年3月31日，凤凰卫视启播。1997年，南方都市报创刊；同年1月1日，湖南卫视卫星电视台创办，作为一家以娱乐节目为主打的卫星电视台，相继推出了一系列名牌栏目，确立了频道强势品牌地位。1998年，《财经》创刊，开启了中国财经细分市场的时代。

2001年，《21世纪经济报道》创刊，由南方报业和上海复星合资创办，以“新闻创造价值”为办报理念，大力拓展财经类市场，当年实现盈利。此后，《经济观察报》、《第一财经日报》纷纷创办，通过相互之间的良性竞争，逐步做大了财经类市场。2007年，针对财经类市场的理财类细分市场，《理财周报》正式推出。2003年，全国文化体制改革试点工作会议召开，部分单位开始试点。国务院于2003年末下发《国务院办公厅关于印发文化体制改革试点中支持文化产业发展和经营性文化事业单位转制为企业的两个规定的通知》(国办发〔2003〕105号)，为文化产业的发展指明了方向。2003年，《新京报》创刊，由南方报业和光明日报报业集团联合主办，从此开始了中国报业异地办报的新尝试。

促进我国媒体市场化的关键力量是广告市场的快速发展，自改革开放以来短短的32年的时间里，我国的广告市场规模从1981年的1.18亿元高速增加到 2013 年的 5019.75 亿元，增长了 4253.03 倍，具体见表 1。请让我们记住我国广告市场几个节点：1981 年广告收入突破 1 亿元大关；1987 年过 10 亿元，为 11.12 亿元；1993 年跨越 100 亿元，为 134.09 亿元；1998 年过 500 亿元，为 537.81 亿元；2003 年突破 1000 亿元大关，达到 1078.68 亿元；2009 年，跨越 2000 亿元关口，达到 2041.03 亿元；2013 年，又突破了 5000 亿元。

表 1　1981-2013 年我国广告市场情况　　单位：亿元　　%

年份	广告经营额	增长速度	年份	广告经营额	增长速度
1981	1.18	-	1998	537.83	16.42
1982	1.5	27.12	1999	622.05	15.66
1983	2.34	56	2000	712.66	14.57
1984	3.42	46.15	2001	794.89	11.54
1985	6.05	76.9	2002	903.15	13.62
1986	8.45	39.67	2003	1078.7	19.44
1987	11.12	31.6	2004	1264.6	17.24
1988	14.93	34.26	2005	1416.3	12.0
1989	20	33.96	2006	1573	11.06
1990	25.02	25.1	2007	1741	10.68
1991	35.09	40.25	2008	1899.6	9.11
1992	67.87	93.42	2009	2041.03	7.45
1993	134.09	97.57	2010	2340.51	14.67
1994	200.26	49.35	2011	3125.55	33.54
1995	273.27	36.46	2012	4698.28	50.32
1996	366.64	34.17	2013	5019.75	6.84
1997	461.96	26.0			

资料来源：根据国家工商总局历年数据资料整理。

二、传统市场化媒体陷入困境

在互联网的猛烈冲击下，传统媒体陷入了严重的困境，尤其是规模越大、市场化程度越高的传统媒体受到的冲击越大。

1. 传统媒体“二次销售”的商业模式基本坍塌

随着商业模式的倒掉，其收入、利润大幅度缩水乃至出现亏损。自2012年以来，传统媒体的广告实收额延续着15-20%的下跌趋势，今年上半年下滑速度更是扩大到20-25%。根据中国新闻出版研究院的报告显示，2013年，原新闻出版总署批准的43家报业集团中有15家出现了营业亏损。2013年，电视的广告收入首次出现了下滑，下滑2.75%，并且收视率靠后的一些电视台出现了巨额亏损。尤其需要指出的是，随着今年经营收入下滑速度的进一步加剧，传统媒体的亏损范围和亏损程度会进一步加大。

2. 人才大量流失

首先，传统媒体经过辛苦培养的骨干人才开始大建制地流失，流失的人才中既有基层员工、中层员工，又有高层员工。

其次，流失人才的去向基本如下：一是去互联网媒体，腾讯总编辑陈菊红、网易总编辑陈峰、搜狐总编辑吴晨光都有在南方报业从业经历；二是创业，主要从事TMT行业方面的创业；三是去民营企业，万达集团、阿里巴巴等等都吸引了大量的媒体人才加盟；四是去其他企业从事公关工作。

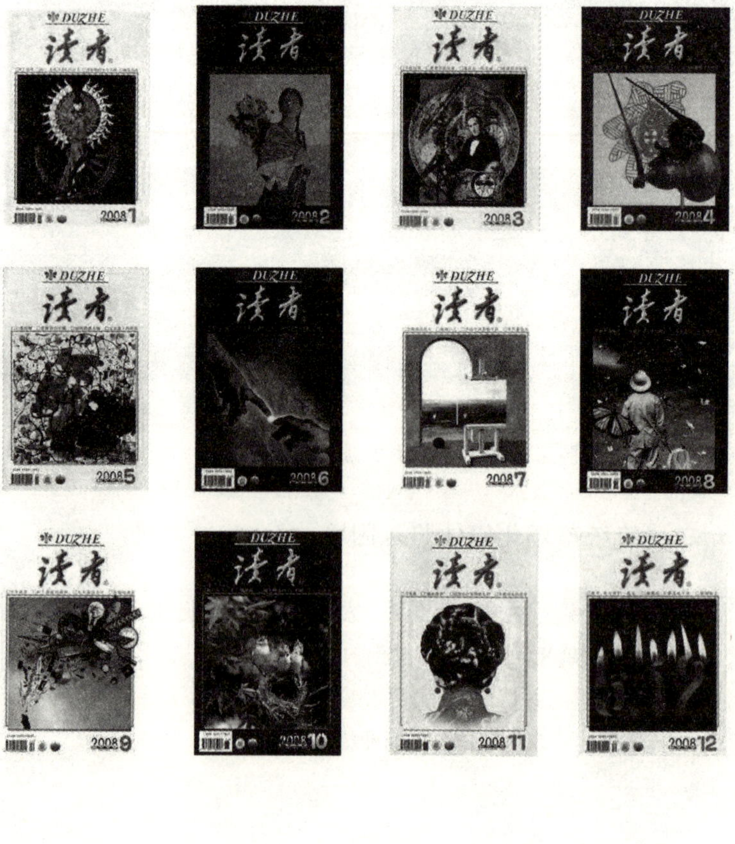

第三，流失的原因主要有两点：一是对未来预期的悲观。传统媒体人眼看着经营收入的大幅度下滑，就必然会对未来收入、发展机会等方面产生较为悲观的情绪。二是现有的体制严格地束缚着从业人员的积极性、主动性和创造性，难以有真正施展才华的机会。在传统媒体单位，普遍存在着干与不干一个样、干多干少一个样、干好干坏一个样。更为可悲的是，不少传媒单位甚至存在“干多错多”的现象。在这种情况下，市场化的有能力的人才就难以充分发挥自己的能力。

传统媒体最宝贵的资产就是人才。人才不仅是传统媒体得以兴旺发达的基础，更是舆论引导的主力军。而一旦骨干人才大幅度流失，这对于传统媒体和舆论引导来说无疑都是釜底抽薪。

3. 体制僵化，活力不在

体制决定机制，机制决定活力、活力决定效益、效益决定发展。而当前绝大多数传统媒体采取的依然是“事业单位企业化管理”的运作体制，虽然有些传媒单位实现了“转企改制”，但基本上还是“翻牌公司”。这种僵化的体制已经远远不能适应环境的变化，导致传统媒体的活力严重不足。虽然市场化媒体或多或少地在体制上取得了一定的突破，但是由于脱胎于旧体制，决定了其体制的落后性。

首先，尚未成为真正的市场主体。互联网“唯快不破”，而我们的传统媒体单位尚不是自主经营、自负盈亏的市场主体，经营自主权严重不足，重大决策久而不决、决而不行的现象比比皆是。例如，沿海地区的一个报业集团，连购买纸张的自主权都没有。

其次，缺乏真正的出资人代表。现在对

传媒单位的资产管理尚缺乏统一的监督管理机构，依然是多龙治水、各管一摊，导致谁都负责、但是谁又不负责，遇见利益拼命争、遇见困难玩命躲。缺位、越位、错位现象普遍，导致谁都不真正对传统媒体负责。

第三，缺乏科学的管理层选拔机制。一是现在对传统媒体的管理层采取的还是完全由上级任命的方式，导致管理层只对上负责，而不会对下负责，更不会对市场负责。二是现在管理层人员的构成绝大部分都是采编人员出身，而经营管理人员出身的凤毛麟角，一方面就导致经营管理人员的上升通道堵死，就会产生“当一天和尚撞一天钟”的思想。另一方面导致管理层的知识结构存在严重缺陷，难以保障重大决策的科学性和合理性。

4. 人员负担沉重，已经难堪重负

当前，在传统媒体的经营收入快速下滑的情况下，本就入不敷出的传统媒体又面临着沉重的人员负担，人员负担有可能成为压垮传统媒体的最后一根稻草。

首先，传统媒体有可能沦落为“养老院”。传统媒体本就存在人员臃肿的现象，当骨干人才快速外流的时候，能力不强的员工却只能沉淀下来，进而进入人才建设的恶性循环。当这种情况恶化到一定程度，就再无吸引外部优秀人才的能力，而只能成为“优胜劣汰”之后的留下者勉强生存的“养老院”。

其次，离退休人员负担巨大。历史越是悠久的传统媒体，其离退休人员越多，新华社、人民日报社等离退休员工都多达几千人，省级党报集团的离退休人员至少有几百人。由于离退休人员的社保、医疗保险、福利待遇等没有完全和社会对接，传统媒体就必须承担社会化不充分的成本。当传统媒体收入还良好的时

候，这些自然不成问题，但是在当前的困境下，这些沉重的负担无疑使传统媒体更是雪上加霜。

三、互联网媒体接过市场化的接力棒

首先，1994 年，互联网正式引入我国，转眼间已经迎来了 20 周年。在第一个备受煎熬的十年，互联网成为传统媒体眼中的烧钱无底洞。但是正如任何革命性的技术一样，从边缘地带草创的互联网媒体，一开始就采取的是全新的体制、国际化的资本结构和视野，从而快速茁壮成长。目前已经给我们带来了第三次工业革命和第四次传播革命，已经成为社会的底层架构和标配。根据中国互联网络信息中心发布的《第 34 次中国互联网络发展状况统计报告》显示，截至 2014 年 6 月 30 日，中国网民规模达到 6.32 亿，互联网普及率为 46.9％；2014 年上半年，网民人均周上网时长达 25.9 个小时；手机网民规模为 5.27 亿，随着 4G 的大规模推广和应用，未来的手机网民规模必将迅猛增加。具体见图 1 和图 2。得益于动辄几亿的庞大用户规模，互联网媒体高速增长。2013 年，互联网广告收入高达 1100 亿元，仅比居于首位的电视广告收入少 1.1 亿元，2014 年会肯定超过电视业而成为我国第一大广告行业。仅腾讯公司一家，其 2013 年的销售收入就高达 604．37 亿元，净利润 170．63 亿元，是 2013 年我国整体报业净利润的近 2 倍。

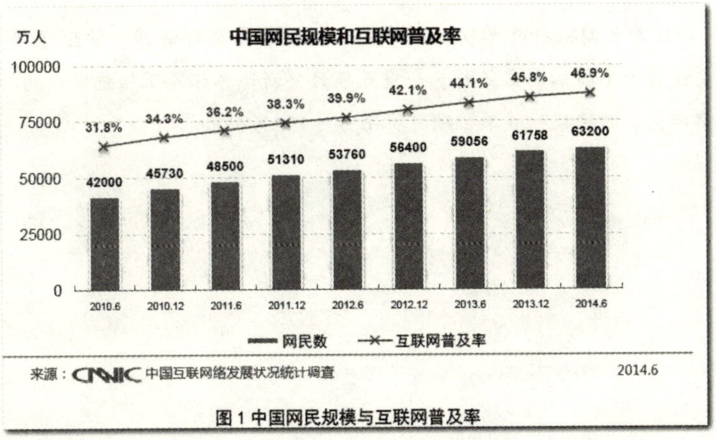

图 1　中国网民规模与互联网普及率

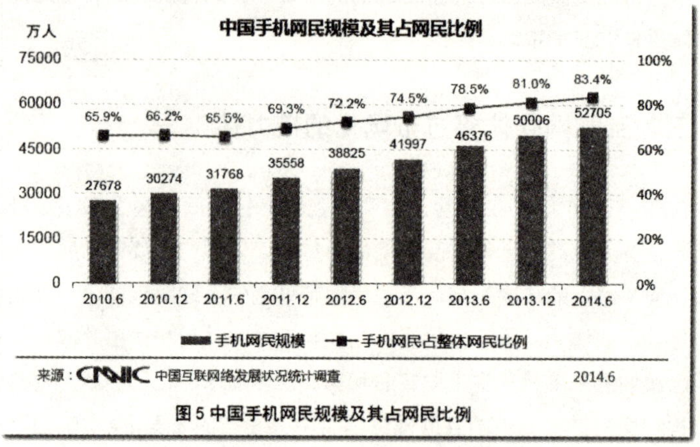

图 2　中国手机网民规模及其网民比例

其次，互联网以其公开、透明、平等的特点，打破了信息垄断，使得信息更为对称。门户网站成为继市场化传统媒体之后的市场化信息提供者，在知识普及方面起到了不可替代的作用。在当前新闻门户网站日渐萎缩的情况下，微博、客户端和微信又扛起了市场化的大旗，推动了媒体市场化的快速深化。无论我们是否愿意，互联网都将从体制、人才和技术等方面彻底、全面地市场化，并倒逼管理模式的市场化。

青山遮不住，毕竟东流去，市场化犹如媒体的星星之火，一旦在大地上洒下市场化的种子，则一定会成燎原之势！

（作者系国家行政学院社会和文化教研部高级经济师、管理学博士，本文是作者主持的国家社科基金重点项目《新媒体环境下传统媒体的转型战略研究》的阶段性成果，项目批准号：13AXW006）

媒体融合的本质
无外乎“让信息社会更美好”

□支庭荣 吴璇

支庭荣

2014 年，标志着中国互联网的第二个十年渐渐落下帷幕，而下一个十年的大幕业已同步开启。在移动互联网用户总数突破 5 亿，移动端成为接入网络的首选设备的时候，在“双十一”再次飙起消费狂潮的时候，人们是不是较之十年前、二十年前更满足、更快乐了呢?

70 后 80 后的致青春，曾有这样的句子传诵一时：那些年，我们没有钱，只有快乐……快乐没有定则，不快却总是那么容易察觉。在拔地而起中，怪异建筑让人牙都痒了;在雾霾满天中，APEC 蓝让人心都醉了。而从期望来说，应该是我们的社会建设一天比一天更美好：让大多数人在大多数时间内的基本需要，无须忧心即有保障；高级需要，通过竞争也可以满足。媒体融合，似也不宜偏离这样的目的和意义，即为人们提供可以触摸的可以选择的可以实现最优组合的信息化生活方式，直击真实的自己。

内核：技术汇流

10月 11 日，湖南卫视在金鹰节互联盛典上，首次大尺度使用了发源于互联网的“弹幕”直播互动模式,《电脑报》公号第一时间解读为“全面拥抱互联网”的风向性举动。

弹幕起先指的是网站向观赏者提供可在影片上评论的功能，评论如飞行般横穿屏幕。“弹幕”党们可一边观看视频，一边观看网友吐槽。这种视频播放模式源于日本影音网站 niconico，近几年传至国内，在网络世界风靡，也顺势入侵了电影业。据说土豆的弹幕技术可以做到同时支持 5000 家影院。暑期档中，《秦时明月之龙腾万里》、《小时代 3》和《绣春刀》等电影先后放映了“弹幕场”，并激起了诸如弹幕电影是烂片的烟雾弹，对真正电影的亵渎，还是影市的新商机等争议。

不可否认，一部分观众认为弹幕会对视频内容构成干扰，影响他们对内容的吸收。但是对于弹幕的消费主体——90 后用户群来说，弹幕像 MMOG 一样，让他们体验到了某种群体互动的氛围，竞相上墙“吐槽”也是乐趣的源泉之一。

弹幕直播是电视传播技术创新求变的一个实例，简单地说就是“多屏实时互动”。所谓融合，在其最初的意义上，无外乎技术的“汇流”。人们在互联网上看到了报纸、广播和电视，在手机中看到了互联网，在“三屏合一”中看到了电视、PC 和手机，没有什么不是新的，也没有什么不是旧的，新中有旧，旧中出新。

从历史的长河来说，敉平一切的，除了时间，大自然的力量，还有技术和神工，能够让人面桃花，

《绣春刀》 请为刘诗诗开弹幕场

马马也

2014-08-07

暑期档，烂片成群，能有一部《绣春刀》这样清新的作品实在难能可贵。单就电影层面而言，这部电影的镜头设计，场面调度，无不显露出导演出众的才华，尤其是片头锦衣卫追究逃犯的一个跟拍长镜头，让人印象极其深刻。

有人把《绣春刀》叫做新派武侠电影，理由是，该片摈弃浪漫武侠传统，而更加注重写实。我是十分赞同这样的观点的，片中无论是人物的性格塑造、动作设计、还是道具服饰都有其独到之处。

斗转星移，沧海桑田。在技术的突破和升级中，如果慢了一拍，重要的是向你的竞争者学习，向颠覆你的人学习，从敌手哪里吸取教训，汲取技术，然后颠覆自己，实现转化和升华。

市场靠技术占领，技术靠观念引导，观念靠战略支撑。湖南卫视的战略姿态，可以说是旗帜鲜明地互联网化,利用新的工具组件,从“以内容为中心”颠覆为“以用户为中心”,从“内容制作机构”升级为“内容分发平台”，从播送转变为互动，在被都市化生活空间生生隔离开的观众之间建立起随时随地的联系，把孤立的视听感受变为集体在场的难得体验，贴近年轻人的社交需求和心灵渴望，并将线上线下融为一体，植入伴随、忠诚、捆绑销售等营销元素，以求打破老迈业态遭遇的种种陷阱。当然,时下的互联网化,想不烧钱都难。商业成败且慢评说,先锋胆识自不待言。

媒体融合的衡量标准，不在乎是不是丢掉报纸，砸烂电视，而是能不能赢得年青世代，赢得未来。

格局：渠道共存

与语言、文字、印刷术、电报电话广播电视相比，计算机和互联网是不是一场同等意义上的传播革命，仍有不同的说法。但是互联网无疑是全球化最显赫的标志之一。

湖南卫视>正文

金鹰节2014互联盛典及晚会创新

发布于：2014-09-29 11:28　已有0条评论　来源：湖南卫视　字号：T | T

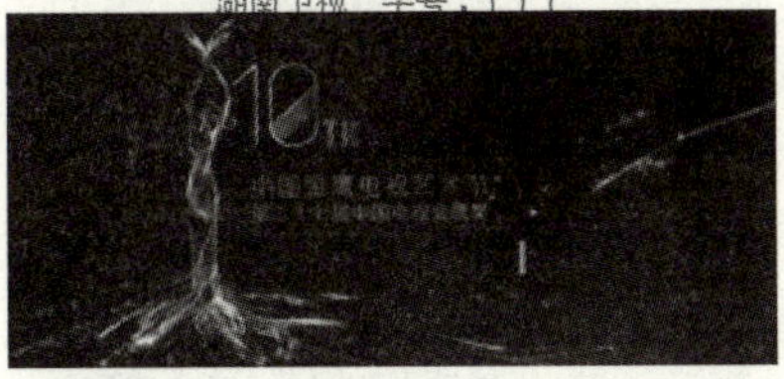

一、金鹰创新：2014互联盛典

本届金鹰节的一大创新点，在于对移动互联时代的敏锐感知——我们精心筹备的2014互联盛典颁奖晚会（10月11日周六），立志带来一场顶级电视呈现和最潮互联思维的跨界盛典。整场晚会，既和我们团队擅长的风格一脉相承，处处洋溢着欢乐的综艺，怪诞氛围；也与媒体变革的大潮紧密相联，深深浸润着极客的互联思维。我们希望，技术带来的巨大改变，能在这里得到忠实记录；行业的先声和革新，能在这里获得充分呈现，用咱们这台晚会的通俗，直白的语言来说就是展现互联生活对人们的影响，提升和改变。

金鹰节三大主体晚会：金鹰节开幕式、互联盛典颁奖晚会、金鹰节颁奖晚会导演介绍晚会筹备及节目亮点

在这样一台既有综艺风、又有IT范的“混搭”晚会上，汪涵与朱丹的碰撞本身就是极大的看点，我们还将现场颁发十大APP移动应用、年度公司、新锐人物及融合创新媒体等极有分量的大奖。这也是首次金鹰组委会联合8家权威机构进行的共同评选。

二、融合创新：

1：十大APP"网民狂欢，刷屏挑战"

湖南卫视带你提前进入跨界网民狂欢节，不用再苦等一个月，10月11晚湖南卫视互联盛典直播，就会携手十大获奖app给观众网友回馈百万份用户奖品，例如app代金券，app会员，app衍生产品，app虚拟道具，app里的红包，等价虚拟金币。不限男女老少都可以来及时刷屏抢夺百万量级的免费大礼。只要你在直播的时候锁定屏幕上实时出现的二维码。让你刷刷刷不停。这也是对观众用户最好的感恩。

2：直播“弹幕”

湖南卫视将首度把移动互联元素"弹幕"搬到直播现场！全民吐槽互联盛典好欢乐！互联盛典将全网开放视频直播，用户与观众通过在视频直播PC端，移动端即时评论，这些评论就将不定时以网络“弹幕‘形式出现在湖南卫视直播屏幕上，让吐槽来得更猛烈些吧！

11 月首届世界互联网大会在乌镇的召开，12 月第七届中美互联网论坛在华盛顿的举办，诉说的是关于一场不见硝烟的战争的故事。

互联网地位的急剧上升，还有以下一些多版本的注脚：

报网互动、网台融合不断升级，官网、官微、电子版、公号竞风流，新闻 APP 和各种应用遍地开花。央视新闻、凤凰新闻、南方周末、澎湃新闻依托于传统媒体；新浪、网易、腾讯依托于门户网站；“今日头条”这样的新贵，真实地栖居在虚拟的数字空间里。

在国家新闻出版广电总局出台的《深化新闻出版体制改革实施方案》中，新闻网站从事新闻采集业务的采编人员，行将逐步获得更高程度的认可，纳入新闻记者管理。网络媒体有望从大自然的搬运工，翻作主人翁，一变而为“水的生产商”，同时也意味着从此需要肩负起更重的道义责任。11 月 6 日，新华网、人民网、新浪网、搜狐网、网易网、腾讯网等 29 家网站签署《跟帖评论自律管理承诺书》，对跟帖评论承担第一责任。11 月 26 日，首都互联网协会首倡“维护 APP 信息服务秩序承诺书”，提出 APP 的运营者需要进行身份信息注册制度，利用 APP 从事信息服务活动必须取得从业资格，以此规范和引导新闻 APP。随着传统媒体和新媒体人员体制上并轨，制度规范从线下走到线上，网络空间的运转势必越来越有序和透明。

西方的政府一样眼明手快。欧洲议会反垄断直指谷歌，德国媒体斥其为“贪婪的巨人”。英国政府高层于 10 月召集谷歌、微软、脸谱和推特等互联网企业，商讨进一步打击网络极端主义信息的举措。上述网站也大都制定了详细的评论规则，并以醒目方式告知用户发表评论的注意事项及网站对不当言论有权采取的管理措施，并且会自行删除明显违反所在国法律的极端主义内容。

网络媒体从传统媒体的附庸到主体性的确立，反映的是“印刷崇拜”的消褪和电子身份的体认。指尖滑过的电子支付，可以换回快递的幸福来敲门；指尖掠过的电子阅读，可将千万册的数字图书一股脑地“当”下来；指尖上的中国，也将像白纸黑字，或经口入喉一样具有强大的说服力和穿透力。小鲜肉们，you are too good to be true.

不过，正如我们不要过低估计互联网的影响力一样，也不必过高估计互联网的地位和作用。未来的格局，始终将是不同的渠道共存，虽然我们并不确知各种终端各自的份额究竟有多大。曾经的大众媒体，也许不得不小众化。那些性价比更高的接收和呈现方式，应该能占据更大的市场。但是在一扇窗关上的时候，还会有一扇接一扇的窗子被打开。

功能：内容分享

由于版权的因素，国内两大知名字幕网站“人人影视”和“射手网”相继关闭了。当年我们一起追过的美剧英剧，那些在 big bang 字幕组中默默奉献的破烂熊们，曾经是怎样的一种盛况和感动！

版权时代来临，免费的狂欢落幕，虽然不能让我们更经济或继续无偿地分享内容，至少可以鼓励和扶持优秀的内容制作，用契约精神来调节精神产品的生产和分配问题。免费可以成为一种商业模式，可以成为一种生产和分享模式，但羊毛出在羊身上，从整体上看总是有人埋了单。与其分配大量的注意力来截获，不如更多地去创造。

互联网首先是一种渠道，是联结和传输方式，是容器而不是内容，是管道而不是石油。当然，互联网的神奇之处恰恰在于不仅传递和呈现内容，而且能快速地激发内容的创造，或者干脆浓缩成这么几个字：互联网可以创造内容。说到底，是人在创造内容，但是互联网这个渔夫释放了黄色铜瓶里的各种各样的魔鬼，从近乎稀薄的空气里凭空变出了巨无霸级的内容堆积物，这些物事及其所携带的情感当量，达到了核聚变的规模，这

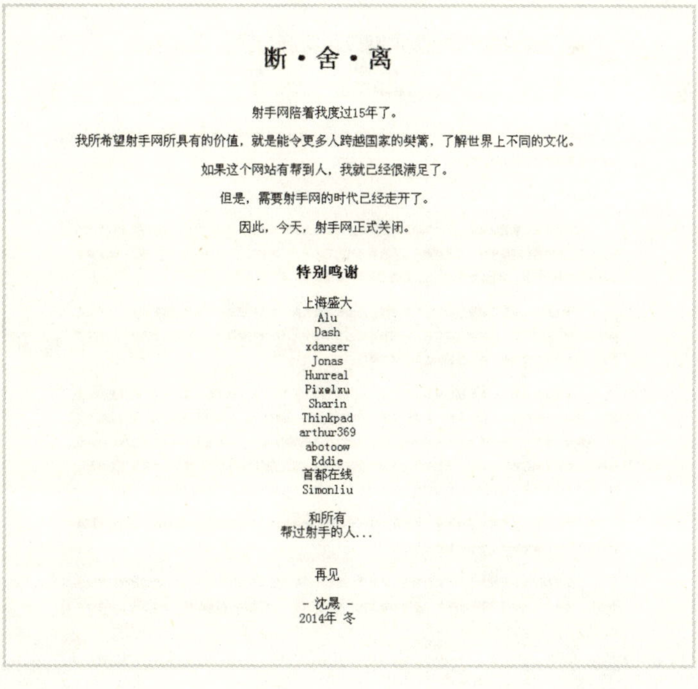
断·舍·离

射手网陪着我度过15年了。

我所希望射手网所具有的价值，就是能令更多人跨越国家的樊篱，了解世界上不同的文化。

如果这个网站有帮到人，我就已经很满足了。

但是，需要射手网的时代已经走开了。

因此，今天，射手网正式关闭。

特别鸣谢

上海盛大
Alu
Dash
xdanger
Jonas
Hunreal
Pixelxu
Sharin
Thinkpad
arthur369
abotoow
Eddie
首都在线
Simonliu

和所有
帮过射手的人...

再见

- 沈晟 -
2014年 冬

是 Web X.0 最令人惊异的特性之一。

网络在改变着很多东西，提供着很多可能，是五方杂处、华洋共居的冒险家乐园。网络也需要变得更美好。好的内容得不到保护，核心内容生产者就会被过度盘剥，造成不公。平台和渠道商直接或廉价地采摘内容，截取用户流量，就会鼓励投机取巧和乌烟瘴气。门禁不严，揖盗耳。

但是，新闻要不要收费，仍是一个复杂的话题。传统媒体与门户网站，与“今日头条”的版权之争，虽然赢得了业界的支持，和适量的补偿或合作，而数字原住民向传统精神贵族的出价，似乎远远不能支撑老派贵族们的华丽生活。在转型的日子里，大家都要打烂思维的坛坛罐罐，寻找新的出路。

保护网络版权的道路艰难且长，不过，世界近代史正是在盗版和反盗版的拉锯战中推演开来，正如升息和降息都可以是积极的货币政策。从某种意义上说，盗版也是对价值的一种佐证，盗版也是对欠发达的一种补贴。盗版不会匿迹，而数据开放又有助于公益。没有百利而无一弊的政策，重要的是在此一过程中的动态平衡。

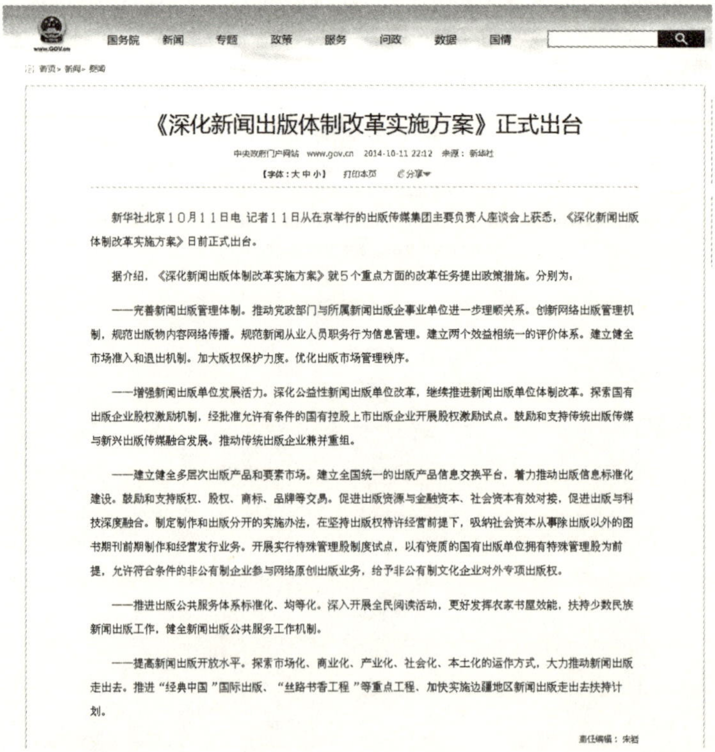

《深化新闻出版体制改革实施方案》正式出台

中央政府门户网站 www.gov.cn 2014-10-11 22:12 来源：新华社

【字体：大 中 小】 打印本页 分享

新华社北京10月11日电 记者11日从在京举行的出版传媒集团主要负责人座谈会上获悉，《深化新闻出版体制改革实施方案》日前正式出台。

据介绍，《深化新闻出版体制改革实施方案》就5个重点方面的改革任务提出政策措施。分别为：

——完善新闻出版管理体制。推动党政部门与所属新闻出版企事业单位进一步理顺关系。创新网络出版管理机制，规范出版物内容网络传播。规范新闻从业人员职务行为信息管理。建立两个效益相统一的评价体系。建立健全市场准入和退出机制。加大版权保护力度。优化出版市场管理秩序。

——增强新闻出版单位发展活力。深化公益性新闻出版单位改革，继续推进新闻出版单位体制改革。探索国有出版企业股权激励机制，经批准允许有条件的国有控股上市出版企业开展股权激励试点。鼓励和支持传统出版传媒与新兴出版传媒融合发展。推动传统出版企业兼并重组。

——建立健全多层次出版产品和要素市场。建立全国统一的出版产品信息交换平台，着力推动出版信息标准化建设。鼓励和支持版权、股权、商标、品牌等交易。促进出版资源与金融资本、社会资本有效对接，促进出版与科技深度融合。制定制作和出版分开的实施办法，在坚持出版权特许经营前提下，吸纳社会资本从事除出版以外的图书期刊前期制作和经营发行业务。开展实行特殊管理股制度试点，以有资质的国有出版单位拥有特殊管理股为前提，允许符合条件的非公有制企业参与网络原创出版业务，给予非公有制文化企业对外专项出版权。

——推进出版公共服务体系标准化、均等化。深入开展全民阅读活动，更好发挥农家书屋效能，扶持少数民族新闻出版工作，健全新闻出版公共服务工作机制。

——提高新闻出版开放水平。探索市场化、商业化、产业化、社会化、本土化的运作方式，大力推动新闻出版走出去。推进“经典中国”国际出版、“丝路书香工程”等重点工程、加快实施边疆地区新闻出版走出去扶持计划。

责任编辑：宋岩

意义：智慧生活

全民拥抱互联网，用互联网思维再造社会网络和传统产业，其实是将网络贬入人间，还原网络的工具本能，像水、空气、阳光一样服务于人们的日常生活，让信息感知、获取、吐纳变得更惬意，更轻松。媒体融合的根本目的，除了文化安全，最重要的是让人们的生活变得更生动，更便捷，更智能，更有意义。

而要实现这一点，却需要依靠大量复杂精细艰苦的劳动。在数字鸿沟中搭建新桥梁，在信息过载中提取“大数据”，在转型融合中开发新产品，在无影脚中间以有形手，这些才能真正奠定美好生活所赖以维系的基石。

正如光可炭黑，气能赋形，水易载覆，网络不是无情物，不经浇灌开放不了鲜艳的花朵。在网络空间上，多数人的宁静常常被少数人的喧哗所打破，多数人的目光常常被少数人的炒作所吸引，多数人的心情常常被少数人的不快所感染。这样一个“浅层社会”，长板成了迅雷，短板成了暴风，很容易满足我们的占有欲，也很容易削弱我们的幸福感。

所以互联网虽然裹挟着天风海雨之势袭人，但它并不是人类的归宿。我们坚信很多平凡的、传统的事物都很重要，只是那些流行，那些传说，实在不忍忽视，何况新的领域也可以成为深化改革的突破口。

回到传媒行业的题目上来，能不能利用自己的优势和学习能力，为大众的生活创造新的价值，是思考融合问题的重要出发点。至于是原地起高楼还是搬进新的产业园，是借壳上市还是员工持股，小文广怎么联合大文广，创新者怎么挑战领先者，一切都应该只是手段。

不过，策论依然很重要。虽然说以全局论，新闻不会凋零，但是由谁来提供新闻，市场中的现有竞争者又该依循怎样的路径去适应，而不至于引起产业秩序的大混乱，不至于背离信息化的大趋势，新媒体军团该怎样垂涎旧媒体地盘，电信行业能不能玩得转机顶盒，下一代互联网长的什么样，下一代的网民是不是更挑剔，这些都是需要求解的方程。如果还没有答案，知道了方向，咬定了目标，打开北斗导航吧。至于马力要多大，且开一段再说。

（作者支庭荣系暨南大学新闻与传播学院教授，吴璇系该院研究生）

专业法治新闻的南周视角

□苏永通

苏永通

时下司法改革议题正热。舆论尽情讴歌，不少法官却忧心忡忡：文宣走得太快，他们都跟不上了。

这也不能怪媒体。从中央政法委的司改框架文件、最高法院的“四五改革纲要”、上海等六省市试点方案，一个都没有公布。很多媒体只能搬用官方通稿，结合三中全会、四中全会的精神解读，结果可想而知：充满了对改革过于美好的遐想。

想做专业法治新闻，就必须突破官方信息的盲点。

最近我试着在微信里推了一篇南方周末的旧稿，叫《二十万法官大过滤：谁能留下》(2014年7月17日)。虽然距刊发已过去四个多月了，仍然是现有报道里信息量最多的。我特别在文章里做了重点内容标注，读者从中至少可窥见改革具体思路的冰山一角。

之后刊发的《学者建议由人大主导法官遴选》(2014年9月25日)披露：六个试点中，除了上海由高院主导，其他五个试点的省委政法委报送的方案，要么政法委书记担任遴选委员会主任，要么办事机构设在政法委，总之均由省委政法委主导。

有同行问：上述信息怎么来的？我的总结是：专业法治新闻的传统。

法治

少年L、L某、L姓男子

现在不管怎么叫，全国人民都知道你说的是谁

SOUTHERN WEEKLY

南方周末

超前干实事，不做救火队

北京市公安局长傅政华其人其事

大悲寺的「雷霆手段」「慈悲心肠」

跳出传统社会新闻的思维

早期的读者可能还记得，南方周末的标题是浓重的巨大黑体，有时还夸张地挂上一滴血。那时，南方周末的法治新闻与大多数媒体没什么两样，主要报道司法案件，凶猛粗暴。

1996 年 7 月，郭国松成为南方周末第一个专业的法治记者。1998 年 1 月，在上海市司法局供职的法学博士郭光东在“法制版”上开办并主持“法眼”栏目。后来郭光东干脆辞职，成为南方周末第一位专业法治编辑。此后，南方周末的法治新闻走向专业化。

至今，南方周末法治版仍是市场化媒体中少有的专业法治版面（栏目）。我理解的所谓专业法治新闻，关键在于，它跳出了传统社会新闻的框架，以法的角度和逻辑来建构。

在当下，司法领域几乎不会有独家新闻。尤其是对于周报周刊，时效性差不说，跟日报都市报比拼信息量，也没什么竞争力可言。在“深度”上能够有所发挥的，还是专业性——以什么视角来观察。同样是案件报道，按社会新闻的操作方式，一般是当做事件来采写，顶多就是还原得更细致；而专业法治新闻，除了要关注案情和案件所涉及的相关法律之外，还要观察背后的司法运行逻辑甚至是制度问题（否则跟《今日说法》没两样了）。

举个例子，2011 年 8 月 5 日，南方周末刊发了“关注死刑”专题，其中有两个当时最热的案件，一是陕西药家鑫案，二是云南李昌奎案。《云南高院的中国式处境》一文，以云南高院改判李昌奎死缓，后又因舆论压力再判死刑为由头，描述了法院在死刑判决上的权衡，指出“云南高院目前的处境就是中国司法的处境”。很显然，记者敏锐地注意到了，此案包含了丰富的元素，如宽严相济的刑事政策的把握，司法与公众的关系等等。而恰好云南又是“死刑第一大省”，由此案来观察中国的死刑问题，最合适不过了。而《药家鑫身后事》，则是在药家鑫被执行死刑后，社会对于此前集体围观的反思。

再举个例子，这两年媒体最热衷做“冤假错案”，估计公众都有审美疲劳了。在福清纪委爆炸案终审宣判无罪时，南方周末刊发了《为保一桩错案，要制造多少错误？ 福清纪委爆炸案的“递罪”逻辑》（2013年5月23日）：从侦查到审判的每个关键节点，来自外来的力量尤其是政法委如何干预，以致于一错再错。

有角度甚至有态度，贯彻法治的逻辑，这就是专业法治新闻与传统社会新闻的最大差别。一个选题能否立得住，除了事件、案件或话题的重要程度（当然打周老虎这类新闻，如果能做是必做的），还在于你想通过它来观察什么问题，这个问题是不是足够分量。上述两个案例选择的角度：死刑问题与独立审判，就属于我们认为的中国法治的重要命题。

我曾经统计过南周2003年以来十余年的法治新闻，涉及死刑的报道和评论

法治

精英化改革大幕拉开

二十万法官大过滤：谁能留下

近四十篇之多。而在案件报道中，司法的独立性往往是焦点。

对于民事领域的案件，除了极为具有典型制度意义的以外，南周都很少报道，主要是主张私领域的纷争媒体应谨慎介入。不过，对于重大的制度性问题，还是会给予关注。南周就曾刊发《法院年底立案难》（2011 年 12 月 16 日），直指法院内部的不科学考核体系。

记录细节里的中国法治进程

如果有心梳理南周过往的报道，会发现南方周末法治新闻的传统得以延续的脉络是十分清晰的。

以下报道从标题来看，就特别有意思：

代表人物：《不按“法理”出牌的高院院长》（2009 年 2 月 19 日）

律师管理：《律师事务所党支书纳入培训体系》（2009 年 6 月 4 日）

宣传导向：《马锡五“复活”》（2009 年 6 月 11 日）

法学教育：《“社会主义法治”进教材 进课堂 进脑袋——来头最大的一门法学必修课即将开课》（2009 年 11 月 14 日）

登峰造极：重庆“打黑”系列报道（2009 年 8 月至 2012 年 12 月）

除了重庆报道之外，有的题材小得不能再小，一般公众不太关心，但都在“根目录”里，就属于南方周末必做的选题。多说一句，自 2012 年

法治

司法改革：法官谁来选，怎么选

学者建议由人大主导法官遴选

上海“两梅案”：太多人已经等不起

初王立军遁走美领馆之后，南周关于重庆的法治报道近十篇，涉及审判薄谷开来、还原真实的王立军、重庆警方平反冤案、专访重庆市公安局局长何挺等。

在专业性上，作为一份面向普通大众的媒体，南方周末较少探讨特别具体的法律技术问题，更重视对中国法治趋势的把握，即告诉读者：我们正身处于怎样的法治环境中。

除了事件和案件报道以外，南方周末还有大量的法治新闻可归为“法治观察报道”。这些报道依旧是以人或事来支撑的。如上述的“不按法理出牌的高院院长”，其实并非孤案，媒体就曾计算地方高院院长有多少是属于“党政型官员”。最近十八届四中全会提出依宪治国和依宪执政，又设立“国家宪法日”，南方周末就刊发了《四中全会后，宪法学者很忙》(2014年11月20日)，写的是2013年初宪法之争以来，宪法学者的学术和社会活动变化。也许有人会感到疑惑：宪法学者做什么，有啥可写的？但当今宪法学面临的现实困境，某种意义上也是中国宪法实施之困。

回到前言，媒体对这一轮的司法改革的热议，是在十八届三中全会明

法治

为保一桩错案，要制造多少错误？

福清纪委爆炸案的“递罪”逻辑

拘留家属、解散律所，引发案外案

这十年，太多“麻烦”

确要进行司法改革以后。而在中央“顶层设计”之前，南方周末独家发现了地方悄悄启动的改革。2012 年 6 月，我在佛山和深圳两地提交给当地人大的报告中发现“审判长负责制”一词（报告里并未展开阐述），立即向当地核实，由此发现了两地自发推动的法院改革。在经过半年多的采访和观察后，2013 年 4 月，南方周末刊发了《佛山试行独立审判改革 最大胆的法院改革等待下文》（2013 年 4 月 25 日），佛山的一些制度设计，比如对法官和司法辅助人员的分类，建立领导过问案件登记制度，后来也体现在了中央司改的思路里。

敏感性不是凭空而来的，独家信息也不会从天而降。做“法治观察报道”，记者要做大量的研究功课，要有自己关注的议题，要深耕体制内外的资源，当他们发现有意思的现象时，才不会错漏，当与同行同题竞争时还能有自己的独特视角。记者赵蕾在跑全国“两会”时，就注意到了两高报告得票率偏低的问题。由此，她曾写了《谁投了两高反对票》（2009 年 3 月 20 日），和《“两高”的两会时刻：在个案监督与司法权威之间》（2010 年 3 月 18 日），探讨的都是司法机关与人大的关系设置：最高法院为何要向人大作报告，人大能不能监督司法个案？大概好多人没认真计较过。

但“法治观察报道”终究是新闻，终归还是要回到新闻本身的要求上来。为何媒体的大量司改报道空洞无物，正是因为观点有余，而信息不足。

我们放弃了面面俱到的报道路子。十八届三中全会提出人财物独立于地方，我们就去采访大量的地方法院院长，《突然要脱离，法院不习惯》（2013 年 11 月 29 日），呈现的正是目前地方法院既希望独立于地方，又担心失去保障的矛盾状态。而在中央确定上海等六省市为司改试点，上海启动改革后，《二十万法官大过滤：谁能留下》（2014 年 7 月 17 日）直指司改中核心的“人”的问题。最近刚刊发的《法官加薪 1500，够不够 改革花了 200 万，值不值》（2014 年 12 月 4 日），以广东的深圳盐田试点为例，说的是“财”的问题。越是宏大的话题，只要是落到具体的点上，有人，有事，最好还能抖点方案内容，这样的新闻自然又有料又好看。

站稳法治立场坚决监督公权力

中国民众的法治意识在逐渐进步中。比如过去两年里大量平反的冤假错案，让疑罪从无的理念开始深入人心。但在贫富差距、官民矛盾拉大的背景下，对于专业的追求和强调，有时候无法避免与民意是有偏差的。

或许很少有人注意到，最近公布的刑法九草案没有涉及嫖宿幼女罪。

2012年6月15日，南方周末刊登《嫖宿幼女罪，被指“恶法”有点冤——存废之争：民间热，业界冷》一文，用意很简单，一是追溯当年的立法本意，二是司法实践中的适用情况，三是刑法学界对于此罪名的看法。结果骂声隆隆，甚至有人打电话到报社，要求开除编辑记者。

还有两组报道也挨骂。李某某事件后，南方周末刊发了《少年L、L某、L姓男子 现在不管怎么叫，全国人民都知道你说的是谁》（2013年2月28日），指出未成年人的个人信息不应当公开，结果有人指责南周在替权贵说话。我的回应是：官员家的孩子也是孩子，应当得到法律的平等保护。

更大的争议是《唐慧赢了，法治赢了没》（2013年8月1日），被一些人视作南周丧失了替弱者说话的立场。我曾这样回应：难道被告人不弱势吗？7个人，两个死刑，两个无期徒刑。在我的印象中，同类案件没有判得这么重的。其实在唐慧的上访刚进入媒体视野时，我就感到判决不正常，并让记者去核实。南周的报道刊发后，部分同行承认对唐慧的一些不当做法其实早心知肚明，但依旧塑造了“伟大母亲”的形象。当然有人并不是故意的，比如，对于弱者的诚信，不应过于苛责，尤其是在他们受到不公平待遇之后。

在我看来，媒体应当有同情、理解弱者的情怀，但又要警惕民粹（这个词或许有点重）的倾向。媒体的弱者情怀，按我的理解应当主要体现在，媒体义不容辞成为公权力的监督者，避免公权力的不当行使侵犯公民权利。唐慧专题中其实有篇配文《什么造就了唐慧》（2013年8月1日），讲述了造成信访不信法的原因，可惜很多批评者或许忽略了。

在法治新闻领域，要面对的矛盾不止于此。许多法治记者都有着理想主义情结，比如将自己作为律师的同盟军（当然和替公检法发通稿的相比这的确不算什么；我认为在做报道时，记者与律师要有距离感），这是对现实的呼应。比如，一些刑事审判庭审走过场，律师很难发挥有效辩护。贵州小河案、北海案和重庆李庄案最为典型，律师组成了“律师团”集体行动，并与法院时有激烈冲突。在法庭上，辩护律师本来的对手应当是控方，怎么会是作为裁判者的法官呢？2012年9月4日，南方周末刊发了《法官VS律师：一场假想的对决》，各打五十大板，指出律师与法官都应“反躬自省”。得承认，这是我们做过的为数不多的的和稀泥式的报道，态度是纠结的：既希望律师的辩护权利得到保障，又希望原本已经很脆弱的法院权威得到维护。

坦率地说，我不喜欢四平八稳的报道，更推崇“有态度的新闻”——以事实的力量和专业的角度。要说南方周末尖锐，其实，南周的题材未必有多猛，但是擅长发现“不正常的现象”——从法治的立场审视。2011 年 12 月 2 日，南方周末刊发《“系统内”的司法考试》，披露了在国家统一的司法考试之外组织的一场内部的“司法考试”，虽然有照顾中西部的现实考虑，但这无疑与当初国家统一司法考试、促进司法的职业化的初衷是背离的。2014 年 4 月 3 日，南方周末刊发《中国大法官为何不审案》，这一现象是中国法院行政化的缩影。

最近针对最高法院推行的审判流程公开，我自己手痒痒写了篇“法眼”《公开法官电话多此一举》(2014 年 11 月 20 日)，直接表明观点：从司法公开的本意来说，最关键的还是案件信息的公开；法官与当事人的接触，应当受到严格的限制。对于公权力的行使，我认为是可以“吹毛求疵”的，看似无关紧要的细节，也当斤斤计较。

（作者系南方周末法治版责任编辑）

日韩新及港台地区视听新媒体建设状况观察

□杨状振　翟晓菲

杨状振

与欧美国家在媒体融合和视听新媒体建设上的推进力度相比，作为亚洲发达国家和地区的日、韩、新（新加坡）及港台等地，在2000年后逐渐加大了广播电视业和通信业的融合力度，并在促进市场开放、业务对接的同时，通过修订相关法律法规，促进了本地广播电视业与新兴信息技术产业的混融监管与一体化发展。特别是日本和中国香港地区，更以其297段的人均观看视频数量和90.3%的在线视频到达率超越欧美等国，在世界范围内保持了领先地位（见图1[1]）。

一、日本的媒体融合政策与视听新媒体建设

在2001年6月出台《电信业务利用广播法》之前，日本的电视和电信业务分属于不同的管辖范围。尽管此前日本邮政省通过的《利用有线电视网提供电话业务的经营原则》（1994），已对有线电视运营商经营电话和计算机数据通信业务实行放开政策，但根据日本《有线电视法》的规定，电信运营商却不享有进入有线电视经营领域的对等权力——“任何产业不得兼营有线电视业务，否则为不正当竞争”[2]。直到2001年《电信业务利用广播法》推出后，在相关政策法律的推动下，日本有线电视和电信业间的经营界限才逐渐消弥。

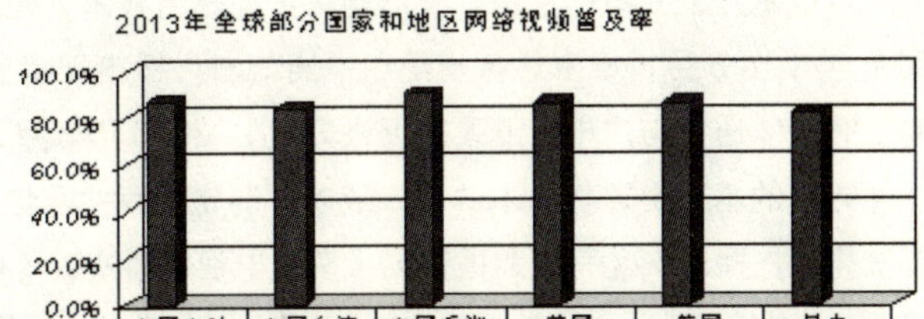

	中国大陆	中国台湾	中国香港	英国	英国	日本
■ 在线视频的网民到达率（%）	87.2%	84.2%	90.3%	86.6%	86.8%	82.4%
视频总数	309亿	8.23亿	6.03亿	617亿	128亿	180亿
✖ 人均观看视频数	101段	82段	143段	371段	377段	297段

图 1：全球部分国家和地区网络视频普及率

《电信业务利用广播法》的出台得益于 2001 年 1 月日本 IT 战略总部[3]召开的第九次会议，这次会议专题讨论了日本国内电信业和广电业融合发展的问题，而其背景则是日本政府在 2000 年 7 月冲绳八国峰会之后提出的《IT 国家基本战略》（又称“e-Japan 战略”）。《基本战略》提出从 2001 年开始，日本政府将用五年的时间把日本建设成为全球最先进的信息技术大国之一。为了实现这一目标，日本在冲绳八国峰会后立即成立了由首相担任总部长，由科学技术大臣、内阁官房长官、总务大臣和经济产业大臣任副部长，所有国务大臣、电信及广电产业代表和行业专家组成的 IT 战略总部，用以制定促进日本信息产业融合发展的重大政策和行业法规。

日本 IT 战略总部成立后的第一个举措便是制定发布了日本《IT 基本法》，明确提出了日本“IT 立国”的战略。根据这一发展战略，日本先后制定了“e-Japan 2002”、“e-Japan Ⅱ”、“IT 改革战略”、“i-Japan 战略 2015”、“IT 应用社会 2020”等规划，并着手对阻碍日本信息技术产业一体化发展的行业布局和产业法规进行调整。2001 年出台的《电信业务利用广播法》，即是在这一背景下修改完成的有关“IT 立国”发展战略的重要法律。它的转折意义是在日本“实现了对广电和电信的融合管理，放松了对利用电信设施提供广播业务以及 CS 电视（卫星直播电视）的管制，加强了有线电视领域的竞争”[4]。2001 年底，电信业和广电业的彼此进入和业务兼营进入到新的发展阶段，日本的媒体、通信业融合进程也得以大大提速。

2002 年 12 月，日本政府出台《关于促进电信和广电融合技术开发的法律》，进一步明确提出“把利用因特网的电信传输和通过数字信号播放的电视融合在一起”的主张。而出台该法的目的则是“通过对电信广电融合技术开发业者的支援，发展电信广电融合技术，建成网络社会”[5]。2006 年 1 至 6 月，日本总务省组织“通信与广播电视事业改革委员会”，制定完成《通信与广电事业改革促进方案》。2010 年 3 月，日本总务省在上述方案的基础上，将日本政府二战以来制定的有关通信和广播电视的 9 部法律《广播法》、《有线广播法》、《有线电视广播法》、《电信业务利用广播法》、《电信事业法》、《有线电信法》、《电波法》、《有线广播电话法》、《NTT 法》等统一整合为《信息通信法案》提交国会审议。《信息通信法案》的核心目的即在于“实现信息业、电信业、广播电视业法律体系由‘垂直结构’向‘平行结构’过渡”[6],促进日本广播电视业与电子通信业的一体化发展。

日本政府在三网融合上的法律修订及制度建设，为广播电视业和电信业间的业务融合创造了便利条件。2010 年 5 月，已有 74 家电信企业申请开展广播电视业务，其服务方式大体分为两种：一种是借助已有的通信网络和相关设施开展传统的广播电视节目播送服务，二是借助互联网开展网上音视频点播服务。2011 年 7 月，随着日本模拟电视信号的中止播出，依托数字化技术和网络化平台发展起来的网络视频业也在日本国内迎来了自己的进一步发展。根据互联网统计公司 comScore 提供的数据，日本月人均观看网络视频的时长为 12.5 小时，月观看视频总量为 84.2 亿段，在视频浏览总量上仅次于人口大国中国(102.8亿段),排在亚洲第二位。同时，在网络视频市场上，“同欧美市场一样，YouTube 在日本占据龙头老大的位置,日本本土公司如 Niconico、Gyao！、ShowTime 分割了剩余主要领地”[7]。Hulu 尽管也打入了日本网络视频市场，并已与日本龙头电信企业 NTT 展开移动视频业务合作，但在整体发展态势上仍较 YouTube、Niconico 等有较大差距。

Niconico 动画（**ニコニコ**动画）是日本互联网信息科技公司 Niwango2006 年 12 月创办的一家在线视频分享网站，网站创办之初既不提供视频上传服务，也不自己生产内容，只是单纯地对 YouTube 网站上储存的影片进行转存和在线评论。2007 年 2 月 YouTube 禁止 Niconico 动画存取其音视频内容后，Niconico 开始依托日本发达的动漫文化自办动画分享服务业务 SmileVideo。作为日本排名第二的视频分享网站，Niconico 动画与 YouTube、Hulu 等全球在线视频服务商相比，最大的特点是为用户提供了实时字幕留言功能。借助该功能，用户不仅可以方便地看到别人和自己对某段节目的评论意见，而且还可以自由约定字幕出现的时间、位置、字体大小及颜色等。

Niconico 动画的使用者绝大部分是日本人，还有约 1.5% 来自于中国台湾和香港地区，为了赢得这部分受众，Niconico 动画还于 2007 年 10 月面向台湾地区特别推出了繁体中文版使用接口。2011 年 12 月，Niconico 动画实现季度盈利 3 亿日元，先于 YouTube 在日本本土实现盈利。截至 2014 年 8 月，Niconico 动画注册用户已达 3845 万人，其中付费会员（又称“高级会员”）超过 200 万人。相对于免费用户，Niconico 的付费会员可以享受在该网站优先上传或下载视频的服务特权，还可以在实时视频点播上享受高速、高清的画质服务。此外，适应手机用户增多的趋势，Niconico 动画还于 2013 年在首页设置上增加了 Facebook、Twitter 等网络社交媒体的访问链接入口，通过上述网站与用户实现了更加便捷的互动沟通。

图 2：Niconico 动画首页设置

随着移动互联网建设步伐的加快，日本民众越来越多地把过去由电视和 PC 电脑承载的音视频服务功能转移到手机和其他手执终端上来。为了适应这一变化趋势，日本电信运营商也不断把服务重心由传统网络视频服务领域转移到移动视听新媒体建设领域。2012 年 4 月，日本多媒体广播电视公司 Mmbi 成立了日本首家面向 Docomo 智能手机播放音视频节目的手机电视台 NOTTV[8]。NOTTV 实行 24 小时播出制，频道内容涵盖影音、综艺、动漫、体育等各类型的节目，视频画质是普通电视台的 10 倍，月收费则只有 420 日元（约合 4.5 美元），与传统电视台在线视频节目的点播费用相当（富士电视台在线视频点播费为 525 日元，日本电视网公司则实行单节目收费 100 日元制度）。2013 年 5 月，日本最大的移动通信运营商 NTT

DoCoMo，借助收购有线电视网络运营商 MCV 关岛控股公司的机会，还进一步实现了向当地用户提供“四重播”服务功能（移动通信业务＋有线电视业务＋互联网接入业务＋固话业务）的业务集成模式。

在电信企业和互联网公司加速视听新媒体建设的过程中，日本传统电视媒体囿于自己的收费经营模式，长期拒绝在官方网站上提供所播节目的完整视频，导致其在视听新媒体建设领域的影响力远弱于互联网公司和电信企业所办的专业视频分享网站。

在日本传统电视媒体中，日本广播协会 NHK 电视台由于对新技术研发的长期重视，在视听新媒体建设上是做得相对出色的一家。从 2004 年起，NHK 就开始在台网融合战略上，有意向更加符合网络传播特性的互动性节目形态拓展，并逐渐把自己的传播平台和业务种类延伸到手机、IPTV、NHK 文档馆（包括图像、文字、音视频等各种资料）等诸多领域。

2013 年 1 月 15 日，NHK 开始设立免费在线视频网站，向网络用户提供之前播放过的部分电视节目内容。网络用户可以根据自己的喜好在网站创建“我的页面”，收藏自己喜欢的节目，发表评论并与其他用户分享信息。2013 年 9 月，NHK 还推出了名为 Hybridcast 的可提供受众与电视互动交流的新技术模块，“Hybridcast 可利用通信 /IP 宽带网络来增强现行的广播服务，能提供具有许多功能的多种业务，例如与电视广播节目相关的视频点播（VOD），允许电视观众定制他们的收视体验（定制化、个性化服务）、提供社交网络服务（SNS），将智能手机与平板电脑‘连接’等”[9]。Hybridcast 系统是基于互联网平台的新型技术，该技术在 NHK 的广泛应用，也增加了 NHK 电视台的互动媒体功能，加快了其由传统电视媒体向视听新媒体的转型速度。

二、韩国的媒体融合政策及视听新媒体建设情况

和亚洲其他许多国家一样，韩国在 2008 年之前实行的是广播电视业和电信业分别监管的管理体制，广播委员会（KBC）和信息通信部（MIC）是两个行业的最高管理机关。但随着三网融合业务的增加和传播技术一体化趋势的推进，分业监管的管理模式给广电业和电信业的混融发展带来了许多难题，两行业因产业政策不同而产生的管理矛盾和业务争持越来越多。2008 年 2 月，在韩国新任总统李明博的强力推动下，韩国政府出台了《广播通信委员会组织法》，宣布对原本分设的信息通信部和广播委员会进行撤并重组，并依据新法组建新的跨行业大部制管理机构——韩国广播通信

委员会（Korea Communications Commission，简称 KCC）。“韩国广播通信委员会的成立很大程度上得益于韩国新任总统李明博的强势支持。这位韩国历史上首位出身 CEO 的总统此前就公开表示，他任期内的首要大事就是要放松对广播和通信业的管制，原因是韩国在发展广播和通信融合业务方面比先进国家已经落后了 5 到 10 年。”[10]

韩国广播通信委员会在功能设置上效仿美国联邦通信委员会（FCC）和英国通信管理办公室（OFCOM），以打破行业分割、实现统一监管为主要目标，在加快韩国媒体和通信业的一体化发展上起到了重要促进作用。韩国广播通信委员会直接隶属总统领导，下设 1 名常务委员长和 4 名常务委员，内设广播通信融合政策室、广播政策局、通信政策局、用户网络局和企划调整室等二级机构，总人数约 1400 名左右。根据 2008 年出台的《广播通信委员会组织法》和《IPTV 业务法》，韩国广播通信委员会的首要任务是对一系列宽带网络融合服务作出明确的管制规定，包括 IPTV、直播电视和视频点播等业务。

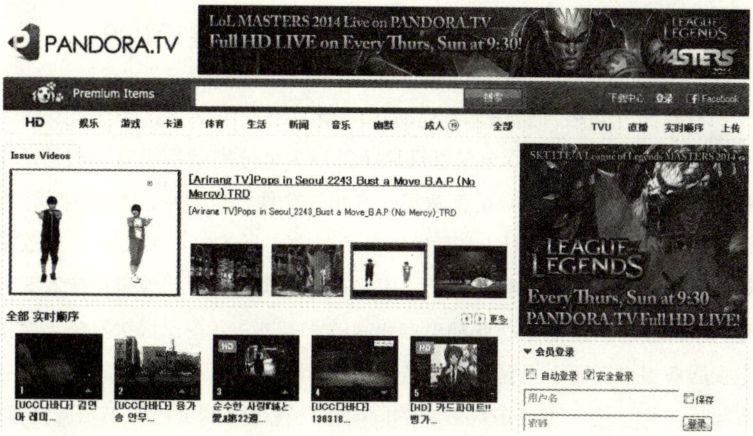

图 3：Pandora TV 首页设置

经过 2008 年的机构改革和相关法案的陆续推行，韩国的三网融合业务实现了突破性发展，三网融合业务发展相对滞后的状况也得到极大改善。根据经济合作与发展组织[11]2012 年 7 月发布的《OECD 宽带统计》报告，截至 2011 年 12 月，韩国宽带普及率已达 100%，在 34 个 OECD 成员国中位居首位，超过美国、英国、日本等发达国家（瑞典 98%、芬兰 87.8%、日本 82.4%、丹麦 81.5%、挪威 77.9%、美国 76.1%）。[12]随着移动宽带网的普及，移动网络、智能手机和网络频道的互补播出也成为韩国网络音视频服务新的业务增长点。目前，韩国主流的视频分享网站包括Pandora、Freechal、Mncast、Mgoon等，其中，以用户产制内容为主要特点的Pandora（潘多拉）网站是最具代表性的一家。

潘多拉TV 2004年10月由原Lettee.com网站改组而成，是韩国目前最大的在线音视频服务网站之一。自2004年正式上线运营以来，潘多拉TV即以为用户提供高清晰的画质和无限量的存储空间而著称，常设频道包括高清影视、娱乐、游戏、卡通、体育、生活、新闻、音乐等音视频专题和其他丰富多彩的文字图片类资讯，内容涵盖韩国最新的流行剧集、流行音乐、流行服装、热门体育赛事等。2008年1月起，潘多拉TV开始面向全球提供多语种（英文、日文、韩文和简体中文）点播服务，月访问量也随之突破2000万人次，成为韩国排名最靠前的主流视频网站之一。2014年10月，潘多拉TV宣布收购移动通讯服务商Novato公司，希望通过此次收购把视频网站的影响力扩大到移动通信领域，为企业的未来发展提供新的生长动力和市场空间，特别是赢得更多年轻人的喜欢和使用。

三、新加坡媒体融合政策及视听新媒体建设状况

与韩国三网融合管理体制变革相同步，2008年1月，新加坡媒体发展管理局（MDA）和香港电信管理局（OFTA）也分别就手机电视和移动电视的服务监管框架向公众征询意见。在相关文件和声明中，市场主导、科技中立和便于监管等原则成为意见征询的重心所在。[13] 事实上，自2000年6月新加坡新闻通讯和艺术部（MICA）宣布实行媒体产业自由化政策以来，新加坡国内广播电视业和电信业间的业务进入壁垒已经被打破，广播电视服务提供商可以经营电信业务，电信企业也可以进军广电市场开展视听服务。为了进一步在市场融合的同时，在管理体制上也做出相应变革，新加坡政府还于2003年元旦对原本分散管理的媒体监管机构广播管理局、电影与出版物管理局、电影委员会进行了撤并整合，重组为实行一体化监管的大部制媒体管理机构媒体发展管理局（MDA）。而在此之前，新加坡国家电脑局和新加坡电信局已于1999年完成了合并，重组为新加坡信息通信发展管理局（IDA）。经过重组后的媒体发展管理局和信息通信发展管理局同置于新加坡新闻通讯和艺术部之下，协调管理有关三网融合的交叉性业务，其中，前者重点负责内容管理，后者重点负责基础网络建设，在一些争执较大的问题上，则采用联席会议的方式会商解决。

在此前后，借助传播技术和监管框架的变革，新加坡还陆续推出了

“数字电影”计划和“智慧国 2015（iN2015）”计划，其目的都在把传媒、艺术和通信产业进行完美对接，实现把新加坡打造成为亚洲数字中心和文化创意产业中心的目标。围绕这一目标，新加坡电信业和广电业间的竞争和合作都同样充分。在竞争方面，新加坡电信公司早在 2001 年就开始了 IPTV 业务试点，并于 2007 年时再度推出了 IPTV 业务的升级版 Mio TV 付费电视业务，更加强调用户观看视频体验的自由性、灵活性和可选择性。

2010 年 7 月，新加坡电信公司又同美国娱乐及体育节目电视网 ESPN 合作，推出了互动性更强、资讯更加丰富的在线体育视频服务项目 ESPN Player，而由其提出的“Your Game、Your Place、Your Time”口号，更是旗帜鲜明地表明了该项业务的自由化、个性化和无所不在的渗透性。在合作方面，新加坡广电业不仅和电信公司从 2003 年起一同负责实施了“数字电影”发展计划，还在 2006 年 6 月积极参与了“智慧国 2015（iN2015）”发展计划，推动广播电视有线网、电信网和宽带网的一体整合和协同升级。截止 2014 年 8 月，新加坡已基本建成全国新一代信息通信宽带网（Next Gen NBN，包括有线宽带和无线宽带两种），宽带接入速度达到 1KMB/秒，在亚洲仅次于日本、韩国等少数国家和地区，排名前列。[14]

四、港台地区媒体融合及视听新媒体建设状况

与新加坡相比，中国香港地区在推进三网融合，尤其是决策机构的整合上同步而略早。1998 年 4 月，香港回归后不久，香港特别行政区政府就对原本分散在不同决策局的资讯科技工作和原隶属于文康广播局的广播影视决策工作进行了合并，成立了新的决策机构资讯科技及广播局（ITBB）。资讯科技及广播局的成立，为此后香港广电业和电信业的业务双向进入奠定了决策机构一体化的基础，并对促进相关法律的修改完善起到了促进作用。2002 年 7 月，资讯科技及广播局与工商局合并，成立工商及科技局，2007 年 7 月工商及科技局在决策局的重组调整中主体并入商务及经济发展局，该局下设通讯及科技科负责对香港地区广播电视业和电信业的政策规制工作。

随着决策机构的调整和重组，香港广电业和电信业的双向进入也在 2000 年后进入迅速发展的快车道。香港最大的电信运营商电讯盈科自 2003 年起就开始为香港受众提供一系列创新性三网融合服务，如“now 宽频电视”和移动视听服务“eye 多媒体服务”等新兴业务。now 宽频电视是香港首个 IPTV 电视网络，自 2003 年 9 月开播以来，已迅速成长为香港

本土最大的付费电视网，拥有 180 多条频道及自选视频服务。而 eye 多媒体服务则依托移动互联网的发展，主要面向 3G 手机用户提供移动视频和流媒体资讯服务。此外，1999 年 5 月成立的香港有线宽频通讯公司也依托自己的电信网络，面向香港居民开展了网络宽频和付费电视观看业务，在香港地区逐渐成长为享有广泛影响的传媒集团 之一。依托传统广电媒体开办的在线视频网站，如无线电视的 TVB 新视线网站（www.tvb.com.cn）、亚洲电视的 ATV 亚视官方网站（www.hkatv.com）和凤凰卫视的凤凰宽频网站（v.ifeng.com）等，也都以其良好的节目品质和丰富立体的资讯内容赢得了香港、大陆和海外华人华侨受众的喜欢，在全球华语传播体系中具有广泛影响力。但基于香港地区电信业和广电业实行的全面开放政策，其在线视频市场份额多被国外视频网站瓜分，其中尤以 Yahoo、Google（以 YouTube 为主）和 Facebook 等美国在线视频巨头为最（见表 1）。

为适应香港广电业和电信业业务形态创新及市场融合发展的需要，2012 年 4 月，香港特区政府将负责执行广电业和电信业市场监管的公共管理机构广播事务管理局和电讯事务管理局合并，重组为新的一体化监管机构香港通讯事务管理局（Communications Authority，简称 CA）。香港通讯事务管理局的成立，进一步优化了香港三网融合的市场环境，在增强融合业务的监管协调，促进融合业务的公平有序竞争等方面，为香港的广电媒体和电信企业创造了良好外部条件，从而保证了香港在视听新媒体建设上的亚洲领先地位。根据互联网分析公司 comScore 2013 年 10 月发布的《2013 中国大陆 - 台湾 - 香港：关注数字未来》统计报告所提供的数据，香港地区无论是在在线视频到达率上，还是在人均观看的在线视频数量上，均超过了大陆和台湾地区，其在线视频网民到达率更是以 90.3% 的比例领先于英美日等发达国家。

台湾地区的三网融合较香港为晚，2002 年台湾开始实施“数字台湾计划（e-Taiwan）”之后，台湾地区的广电业和电信业才逐渐借助宽带网络和数字技术的普及进入业务融合的发展阶段。2004 年，台湾最大的电信运营商中华电信公司率先推出多媒体内容点播服务，由传统通信运营领域进入广播电视服务领域，直接推动了台湾此后《电信法》、《广播电视法》、《有线广播电视法》和《卫星广播电视法》的修订工作。修法的一个重要目的，就是为即将到来的台湾广电业和电信业的业务融合、市场开放及对等进入，创造一个有序、统一、公平的法律监管框架。2006 年 3 月，台湾通讯传播委员会（简称通传会）成立，该机构整合了原台湾“行政院”新闻局和台湾“交通部”电信总局承担的广电业和电信业的行政监管职能，

表 1：大陆和港台 2013 年独立访客量前十名视频网站

两岸三地视频网站独立访客量前十名（单位：千）					
中国大陆		中国台湾		中国香港	
优酷	280,975	Google Sites	9,381	Yahoo! Sites	3,232
腾讯	265,797	Yahoo! Sites	8,013	Google Sites	3,094
土豆	220,219	Facebook	4,517	Facebook	1,289
搜狐	200,744	Viacom Digtal	3,542	TV Broadcasts Ltd.	1,180
爱奇艺	189,411	VEVO	2,293	Viacom Digtal	974
乐视	168,553	Youku	2,078	Youku	894
新浪	127,306	Funshion.com	1,472	Next Media Interactive Ltd.	871
迅雷	100,625	Dailymotion	1,285	VEVO	669
凤凰网	80,556	Justin.tv	1,227	Tudou Sites	567
56.com	71,673	Tudou Sites	1,221	Dailymotion	457

来源：comScore 2013年10月2013 China－Taiwan－Hong Kong Digital Future in Focus

并适应台湾视听新媒体市场全面开放的建设需要，转化成一个相对独立的社会公共事务管理机构，这在一定程度上为台湾地区三网融合的持续发展奠定了管理和服务基础。

承接 2002 年启动的“数字台湾计划（e-Taiwan）”，2005 和 2009 年台湾又陆续启动了“移动台湾计划（M-Taiwan）”和“智慧台湾（Intelligent Taiwan）计划”。两计划以发展下一代通讯网络和优质网络化社会为建设目标，致力于在台湾建设成无所不在的宽带网络基础设施和无所不感的信息应用环境，从而极大改善了台湾地区的信息化环境和视听新媒体传播网络。在网络带宽和市场监管得以极大改善的情况下，2012 年 7 月台湾全面关闭模拟电视信号，整体进入无线数字电视传播时代。台湾通讯传播委员会也根据市场变化情况，于 2013 年进一步取消了有线电视分区经营及有线电视和电信产业跨业经营的限制，鼓励双方在不违法且协商一致的前提下，为台湾消费者提供跨行业的内容整合服务。

在目前的台湾视听新媒体服务市场上，除了台湾中华电信在线影音占有一定市场份额外，与香港类似的情况是绝大部分市场份额为美国在线音视频服务商所垄断。根据互联网分析公司 comScore 提供的统计数据，台湾 2013 年的在线视听服务市场上独立访客量排名前三的网站依次为

Google（以 YouTube 为主）、Yahoo 和 Facebook，大陆地区的在线视频服务商优酷和土豆也跻身前十，在台湾具有一定影响力，独立访客量分别达到了 207 万和 122 万（见表 1）。

（作者单位：河北大学新闻传播学院、河北新闻网。本文获国家社科基金“三网融合背景下网络电视台的建设、发展与影响研究〔11CXW009〕”暨中共河北省委“河北省青年拔尖人才支持计划”研究资助）

注释：

1.Amarpal Singh, 2013 China - Taiwan - Hong Kong Digital Future in Focus, http://www.comscore.com/chi/ Insights/Prese ntations-and-Whitepapers/2013/2013-China-Taiwan-Hong-Kong-Digital-Future-in-Focus.

2. 杨成、韩凌：《三网融合下的边界消融》，北京邮电大学出版社 2011 年版，第 46 页。

3. 2000 年 7 月 21—23 日，美国、日本、德国、英国、法国、意大利、加拿大和俄罗斯等八国领导人在日本冲绳召开会议，发表了旨在推动全球信息社会建设的《全球信息社会冲绳宪章》（即《IT 宪章》）。以此为契机，日本政府成立了“IT 战略总部”，由首相担任总部长。2013 年 3 月，“IT 战略总部”改组为“IT 综合战略总部”。

4. 杨成、韩凌：《三网融合下的边界消融》，北京邮电大学出版社 2011 年版，第 46 页。

5. 何德功：《日本三网融合获法律政策有效支撑》，载《中国高新技术产业导报》2010 年 7 月 19 日第 A08 版。

6. 王润珏：《日本的三网融合之路及其对中国的启示》，载《新闻界》2011 年第 6 期。

7. 梁晓涛、汪文斌：《网络视频》，武汉大学出版社 2013 年版，第 296 页。

8. NOTTV 即为“一个普通电视机不能收看的电视台”，它所有的节目内容专为手机而制作，节目时长通常在 10 分钟左右。

9. 李玉薇：《未来广播电视服务和超越——访 NHK 广播技术研究所规划协调部副部长村山研一》，载《广播电视信息》2014

年第9期。

10. 郭庆婧、王保平：《韩国广电和通信监管体制发生重大变革》,《人民邮电报》2008年3月7日第3版。

11. 经济合作与发展组织英文全称为Organization for Economic Co-operation and Development,简称经合组织(OECD),是由美国、英国、法国、德国、日本、意大利、韩国、加拿大、西班牙、希腊、瑞士等34个市场经济国家组成的政府间国际经济组织，1961年成立，总部设于法国巴黎。

12. 韩联社消息：《韩无线宽带普及率居经合组织成员国之首》, http://www.mofcom.gov.cn/aarticle/i/jyjl/j/201107/20110707634235.html。

13. 曾剑秋、方滨兴：《网和天下——三网融合理论、实验与信息安全》，北京邮电大学出版社2010年版，第101页。

14. 中国信息产业网编译：《新加坡推出1Gbps高速光纤宽带服务》, http://www.cnii.com.cn/broadband/2014-02/10/content_1300549.htm。

日本媒体的第三方监督制度
——从陷入误报困境的《朝日新闻》谈起

□西 茹

西 茹

被誉为日本自由开放媒体代表的《朝日新闻》因误报问题陷入了前所未有的困境。2014年9月11日，时任朝日新闻社社长木村伊量召开记者招待会，就有关福岛核电事故的“吉田调查记录”报道、强征慰安妇问题的“吉田证词”报道，以及延迟刊登著名记者池上彰的评论等问题，向读者及所有相关人士道歉，继撤回“吉田证词”相关报道之后，又撤回“吉田调查记录”报道。由此，日本国内掀起“打到朝日”大批判，报业最大竞争对手的《读卖新闻》、在多种重大议题上针锋相对的《产经新闻》、靠煽情报道维持生计的周刊杂志，以及右翼评论家和团体等都纷纷赤膊上阵。更令《朝日新闻》不安的是，中止订阅以示抗议的读者不断出现。有关朝日误报事件，中国媒体也给予了关注，而且报道中频繁言及《朝日新闻》利用“第三方委员会”欲渡难关。本文就从《朝日新闻》为重建公信所利用的“第三方委员会”机制谈起，并着重介绍日本媒体的第三方监督制度。报道伦理问题不是哪个国家特有的问题，而是世界性的议题，因此，希望日本所做的摸索能为中国读者提供些许的启发和参考。

一、危机应对：借助第三方委员会制度重建公信

这里先要对“两个吉田误报”问题做一个概括性梳理。

今年8月5日，《朝日新闻》晨刊用两个整版刊登了以“慰安妇问题考”为题的检证报道特集。通过记者再次采访调查，认定吉田清治（已故）的有关日军强征朝鲜女子做慰安妇的证词多有不实，因此决定撤回16篇相关报道。吉田清治曾任山口县劳务报国会下关支部的动员部长，他的有关强征慰安妇的证词早在22年前就有来自史学家的质疑。但是，《朝日新闻》均未予积极回应。20多年后的今天，在证实证词不实，并宣布撤回相关报道时，《朝日新闻》没有道歉。当一直在《朝日新闻》的报纸评论专栏发表连载的著名记者池上彰在其评论中对此进行批评时，此稿却被延迟刊登。《朝日新闻》的这一系列态度和做法引起多方不满和批判。因此，木村社长在9月11日的公开道歉中表示：虽然我们“反省了对证词根据采访不足”，但是，“作为以事实为本的新闻从业者，我痛感我们应该更谦虚。因此，对“有关吉田证词的错误报道，及因迟未更正而造成的巨大损害，向广大读者致歉”。他还解释说，对推迟刊登池上彰评论，“有人称其是‘封杀言论自由’，这是我们始料未及的，对此深感责任重大”。

就在刊登此说明和道歉的9月12日的《朝日新闻》晨刊上，头版头条宣布的是撤销5月20日刊登的有关“吉田调查记录”的报道并致歉。“吉田调查记录”是由东京电力福岛第一核电事故政府事故调查及检证委员会对福岛第一核电原所长吉田昌郎（已故）进行情况听取所整理出来的报告。由于政府对此报告不予公开，《朝日新闻》便设法调查其内容，并于5月20日，以头版头条做了独家报道。该报道称“近9成东电员工、约650人置所长命令于不顾，撤至到10公里以外的福岛第二核电站”。

此独家报道发出后，立即有多家报纸，如《读卖新闻》、《产经新闻》都跟进调查，结果发现《朝日新闻》的报道有误。

木村社长在12日刊载的道歉全文中表示，“如果没有《朝日新闻》积极采访调查，吉田调查记录可能会不为世人所知。因此我们深感其内容问世意义重大，不过，也正因为如此，我们对没有正确地报道其内容而深感痛心。”木村指出，出现失误的主要原因是记者对入手资料的解读有误，先入为主，对报道内容没有进行充分确认。

9月12日的《朝日新闻》，有关“吉田调查记录”的报道竟占三分之一之多。下面简要介绍一下标题和版面，来勾勒一下当天报道的整体状况。

第1版 撤回《吉田调查笔记“违反命令撤退”》报道并致歉

第2版 本报报道的经过

第3版 有识之士的见解

第4版 事故当时的政权核心人物的证词

第 5 版 专家们的意见

第 12、13 版 已公开的吉田调查笔记的摘要

第 32 版 慰安妇特辑・池上彰连载问题的经过

第 33 版 本社社长记者发布会的详细报道

有关“吉田调查笔记”的误报，在宣布撤回并道歉的同时，还宣布负责编辑业务的董事杉浦信之被解职。木村社长本人表示在报社内部改革走上正轨后，也会考虑去留问题。在此期间社长薪酬将全额免发。

两个月后，11 月 15 日，《朝日新闻》刊登消息称木村社长辞职。11 月 29 日的晨刊又报道对“吉田调查笔记”特别报道部包括部长在内的 6 人给予处分。

针对一系列的误报和怠慢批评等问题，朝日新闻社除了采取上面介绍的派记者再调查做检证性报道、撤回不实报道、公开道歉、追求责任（降职、处罚）、社长辞职等措施外，同时，还求助于第三方委员会为恢复朝日公信进一步做客观性检证，并寄期望得到整改和重建的建议。《朝日新闻》正在着手的努力如图 1 所示。

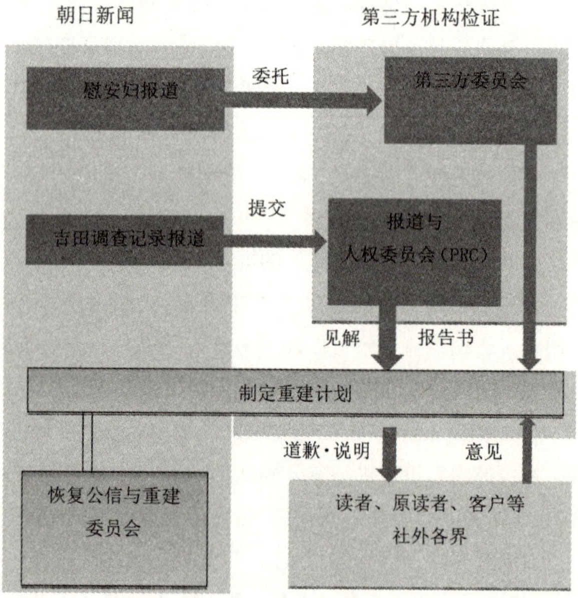

图 1：第三方机构与重建计划

两个“吉田问题”分别由两个第三方机构进行检证。朝日新闻社的“报

道与人权委员会（PRC）”负责吉田调查记录报道的检证和提议。而在“吉田证词”问题上，则委托给PRC之外的由律师、历史学专家、记者等有识之士新组建的第三方委员会，负责从慰安妇报道的采访编辑到新近刊登的检证特辑、以及《朝日新闻》的慰安妇报道给日韩关系乃至国际社会所带来的影响进行彻底的检证。朝日社长在向社会道歉时也表示，请社会各界对朝日新闻严格监督，并关注朝日新闻今后的改革与重建。

报社在两个第三方机构提出的检证报告和意见基础之再制定重建计划。报社组建公信恢复与重建委员会承担重建信任工作，向读者（包括中止订阅的原读者）、合作伙伴和社外各界人士进行充分说明，并听取他们的意见和建议。

有关“吉田调查笔记”报道，PRC已发表意见表明“内容有严重问题”。《朝日新闻》11月12日晨刊刊登了PRC的长篇检证报告。而有关“吉田证词”的检证，第三方委员会将于12月拿出报告，包括误报对国际关系所带来的影响以及对今后的建议。

报道内容的正确性是新闻媒体的生命线。《朝日新闻》一系列的误报、迟缓的订正和对批评的怠慢，无疑严重损害了读者和社会对它的信任。特别是在互联网技术和数字技术的迅速发展使读者正在不断疏离纸媒，给报纸经营带来巨大压力的当今，这种误报事件无疑更是雪上加霜。《朝日新闻》面临着史上前所未有的严峻考验，借助媒体第三方监督制度严格检证自身是否能获得读者和全社会的再次信任还有待关注。

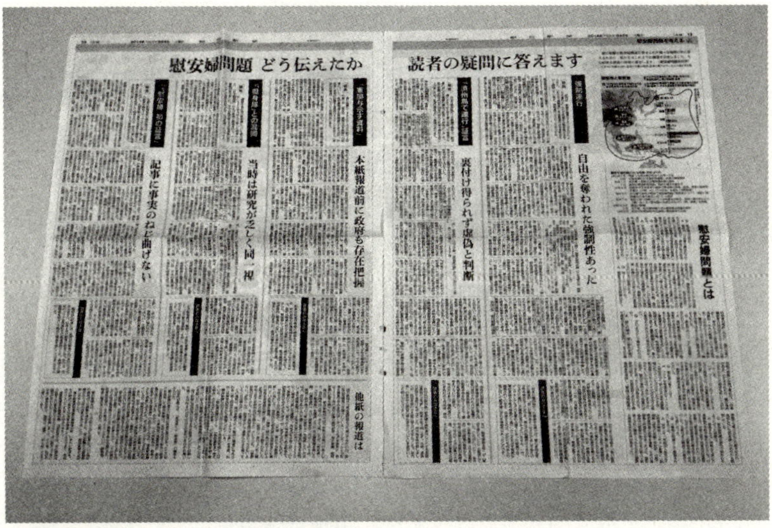
慰安婦問題 どう伝えたか
読者の疑問に答えます
記事に事実のねじ曲げない
当時は研究が乏しく同一視
本紙報道前に政府も存在把握
裏付け得られず虚偽と判断
自由を奪われた強制性あった
慰安婦問題とは

《朝日新闻》2014年8月5日慰安妇问题检证报道。

二、BPO·广播电视伦理与节目改进机构

日本媒体的第三方监督制度可分为广播电视界和报界（包括通讯社）两类。首先来介绍广播电视界的 BPO·广播电视伦理与节目改进机构。

BPO 是英文 Broadcasting Ethics & Program Improvement Organization 的缩写。是由 NHK（日本广播电视协会）与民营电视联合会联手创建的第三方机构。可以称得上是在确保广播电视的言论和表达自由的同时，为了维护视听众的基本人权，应对有关对广播电视的投诉和广播电视伦理方面的问题的一种监督和建议机制。主要对视听众指出有问题的广电节目进行检证，向有问题的广播电视台乃至广播电视界发布检证意见和见解，并向社会进行公开，以促进广播电视界增强自律，提高节目质量。

BPO 由三个委员会组成（参见图 2：BPO 组织图）。即：广播电视伦理检证委员会、广播电视人权委员会和青少年委员会。为了保证委员会的作为第三方的客观公正性，其构成人员主要在广播电视机构外选择，多为作家、教授、导演、精神科医生、律师、记者等，就是通常所说的社会有识之士。以 BPO·广播电视伦理检证委员为例，现任委员共 10 人，信息均公开在网站上（参考：http://www.bpo.gr.jp/?page_id=799）。

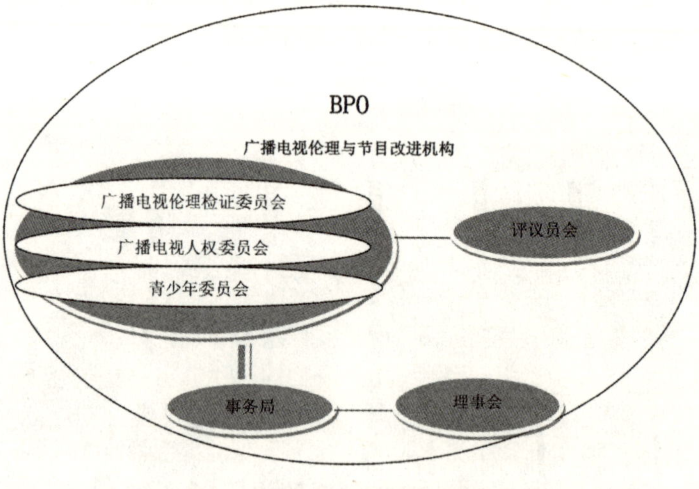

图 2：BPO 组织图（根据 BPO 网站制作）

在三个委员会中，BPO·广播电视伦理检证委员会成立的最晚，组建于 2007 年。它成立的直接原因缘于一起电视捏造事件。

2007年1月7日，富士电视系列的关西电视台制作的生活信息节目《发掘！身边宝库》，详细而生动地介绍了纳豆的惊人功能，称它既能减肥，又能使人年轻，还非常有益于健康。节目又请美国专家出演，又列举出许多看似科学的数据，播出后反响巨大。市民们纷纷抢去购买，竟然造成超市里纳豆供不应求。不过，也有人对节目内容提出强烈质疑。为此，关西电视台展开了调查，结果发现节目内容，比如美国大学教授的证词和数据纯属编造，节目仅播出两周便被停掉。这种对节目内容进行捏造之举引起了社会的强烈不满，甚至官场都闻风而动。据媒体报道，同年4月6日，政府内阁通过了提交给国会的放送法修正案，其中增添了对媒体进行规制的内容，即针对广播电视节目利用违背事实的虚假说明给国民生活带来或可能带来影响现象，总务大臣“可以要求（媒体）制定并提出防止类似现象再度出现的对策”。这种政府以媒体的瑕疵为口实，修改法律条文，直接干预广电节目的举动使媒体深感不安，于是广电界紧急协商应对之策，组建了以提高自律机能为目的的BPO·广播电视伦理检证委员会。

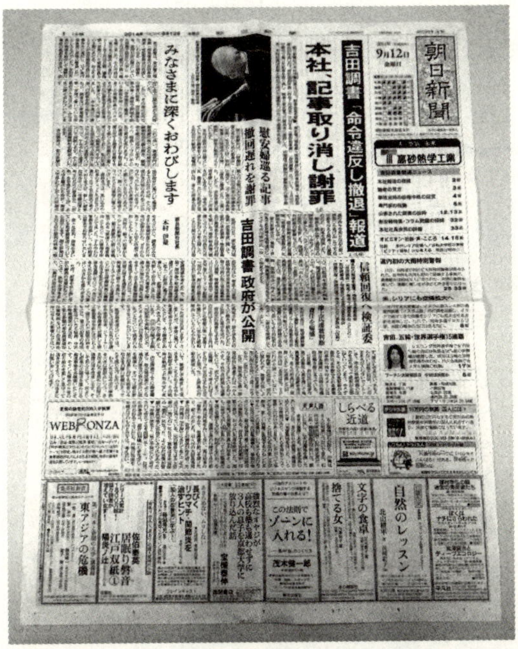
朝日新聞
9月12日
吉田調書「命令違反し撤退」報道
本社、記事取り消し謝罪
慰安婦巡る記事 撤回遅れを謝罪
吉田調書 政府が公開
みなさまに深くおわびします
WEBRONZA

《朝日新闻》2014年9月12日头版，撤回核电事故的“吉田调查笔记”报道，木村社长道歉。

BPO·广播电视伦理检证委员会的主要职责是对有问题的节目进行检证，为提高节目质量提出建议。电视台有义务将检证结果和防止类似问题再度发生的对策通过播放告知给视听众。这是广播电视机构与 BPO 之间达成的共识。有资料介绍，伦理委员会设立后，当时的总务大臣表示，鉴于 BPO 的作用，可以冻结放送法修正案中新增的有关行政干预的规定。这或许可以视为检证委员会设立所起到的作用吧。

伦理检证委员会成立后，一直不断地对有问题的节目进行调查并提出改进建议，对广播电视节目制作中注意发挥自律起了促进作用。NHK 放送文化研究所发行的月刊《放送研究与调查》在检证委员会成立 5 年之际，刊文指出：“由于委员会不断指出问题，广播电视节目播放中订正和道歉明显增多了。”这说明广播电视台对来自视听众的意见其态度及应对有所改变。不过文章也称，“委员会不是法庭，也不是管理机构”，其宗旨还是促进广电机构自身发挥自净功能，提高觉悟。

三、报业及通讯社的第三方委员会

广播电视由于使用公共电波，放送法规定其创办要遵守许可制度，所以，容易受到政府权力的介入。因此，广播电视业界成立 BPO 这种第三方机构，来促进媒体发挥自律功能，尽量减少给政府权力介入的可趁之机。

而报业与广电业不同。除了一些政党机关报外，日本的报纸都是私营的。报纸的第三方委员会都是由各报社独自组建的，没有类似 BPO 那样的

学者、读者声音。

业界统一的第三方机构。

最早组建报纸第三方委员会的是《每日新闻》。2000年10月，《每日新闻》社设立了名为"'开放的报纸'委员会"的第三方机构。委员会设立的目的是要倾听来自国民的"媒体侵害人权"的批判之声，通过增强报纸创办的透明度，来增进报纸与读者之间的信赖。委员会将其作用规定为以下3个方面。

一是受理有关名誉和隐私受到侵害的涉及人权问题的投诉。委员会要对报社的应对处理通知给当事者，并听取意见。但是，不受理政治家和官僚等"公人"的投诉。

二是即便是没有当事者或读者投诉，对《每日新闻》报道所存在的问题，委员们可以提出意见和建议。

三是，以创办符合二十一世纪的理想报纸为目标，对媒体整体所面临的问题进言献策。

那么，报纸的第三方委员会日常是如何开展工作的？这里以《每日新闻》的"开放的报纸"委员会为例做简单介绍。委员会虽然也可以受理来自读者对报道的投诉或意见，但是日常的投诉基本上还是读者室或编辑局内的责任部门来对应。其结果随时向委员会事务局汇报，事务局每月要对投诉和意见整理成报告书送给委员会的各位成员，征求反馈意见。委员们要对报告书提出意见，而且要在报纸上公开刊登。如果报告书很长，受篇幅限制全文登载困难的话，就在编辑局的"月报"（以收录版面制作部长会沟通内容为主的内部刊物）上全文刊登，发给编辑局内各个部门阅览。

委员会的意见或建议对一线记者的采访报道工作是否会产生影响？曾任《每日新闻》"开放的报纸"委员会的事务局长的胜屋宪二（2004年）撰文指出，影响是有的。比如在事件报道上，委员会对记者稿子中出现的将嫌疑人当成犯人的措辞会给予明确指出，进行审议。这也是当事者和读者比较敏感的问题。也有并非读者投诉，却与一线采访密切相关的问题，委员们根据其职责第三条，即为创办更理想的报纸进言献策来发挥作用。比如，2002年国会开始审议个人信息保护法和人权保护法时，因为这两项法律都含有对加大媒体限制的内容，当时执政的自民党与媒体之间的攻防变得异常敏感激烈。虽然读者并没有对此提出意见和要求，但是，委员们考虑到未来的办报环境和报道自由可能受到的影响，根据事务局的请求给予紧急应对，提出坚决反对法案的意见，给活跃在一线的记者带来了巨大鼓舞。

从整个报业来看，在《每日新闻》第三方委员会成立后不久，《朝日新闻》、《读卖新闻》、《产经新闻》及共同通讯社等新闻单位也都相继设立了第三方委员会。下页表1介绍了几家报社和通讯社的第三委员会初创期的状况。由此可见，第三方委员会主要以处理因报道损害名誉和隐私等人权问题为中心，多数情况下审议对象以人权问题为主，当然也包括采访或版面上出现的其它问题。委员会的成员大多由3到5人构成，主要是律师、大学教授、新闻工作者、非政府组织或经济团体的代表等。

日本报业第三方委员会产生的背景是媒体的公信力整体呈下降趋势，政府想利用民众对媒体的不满来介入媒体管理，特别是一些与媒体相关的法案出台，让报道界深感报道自由会受到威胁，市民的知情权受到侵害。事实上，权力与媒体之间的攻防事态是一直持续的，媒体的任何闪失都会成为权力介入的机会，这种权力对报道自由的威胁在第二届安倍政权下就更加明显。比如《特定秘密保护法》的通过会给调查性报道的展开带来更大困难。从这个意义上可以进一步理解，一直坚持要积极监督权力的《朝日新闻》因一系列的误报事件所面临事态的严重性。特别是有关慰安妇问题的“吉田证词”的报道，刺激了日本民族主义情绪，一些极端势力甚至跳出来否认慰安妇问题的存在，在右翼势力、右翼媒体的围剿中，连首相安倍晋三也不失时机地指责《朝日新闻》，称其对慰安妇问题的错误报道给很多人带来痛苦，损害了日本在国际社会上的声誉。对此，朝日新闻版面审议委员北海道大学法学院副教授中岛岳志给予反驳，并鼓励朝日不能屈服。他指出：“安倍首相夸大对国际社会的影响，自民党高层还流露出要召集有关人士到国会上。现在重要的是不仅不能屈服权力者的施压，还要更加坚定朝日新闻的主张。不应该揣度来自安倍政权的压力，更不能自我约束自己的报道和批判。”（《朝日新闻》2014年11月11日）

《朝日新闻》的改革与重建之路前途未卜。不过，朝日危机确实向新闻界再一次敲响警钟。有读者这样指出：“朝日新闻曾是傲慢者、掌权者及组织团体的批判者，可是不知何时，自己却成了傲慢自大的组织机构。”（《朝日新闻》2014年11月25日）可见，新闻媒体在向权力与社会中的不正敲响警钟时，千万不能忘记时刻对自己提醒遵守更高的伦理准则。《朝日新闻》第三方委员会PRC的第一任委员原寿雄（2014）针对朝日危机，借用英国BBC和美国AP通讯社等欧美新闻伦理纲要的 the highest ethical standards（最高伦理标准）的说法，指出：“不断持批判的目光、追求正义的记者，要以严格的伦理来自律。要清醒地认识到，没有强制搜

表1：几家代表性的报纸和通讯社的第三方机构初创期的状况

社名	名称	设立时间	目的·审议对象·作用·运营	委员构成	例会频度	结果公布方式
每日	“开放的报纸”委员会	2000.10.14	将有关因报道侵害名誉和隐私的当事者的投诉、意见以及报社的应对向委员们公开。委员选择必要的案例发表意见、对报道进行检证。对围绕报道的各种问题也会提出参考性意见。作用有三点：一是对人权侵害进行监督；二是对报纸版面内容提意见；三是为创办适合21世纪的媒体进言献策。设置直属最高领导的专职事物局长。	委员（5人）：原日本律师联合会会长·中坊公平；电视制作人·吉永春子；作家·柳田邦男；自由记者·玉木明；上智大学教授·田岛泰彦	每月	将委员会的见解与当事人联系的同时，原则上要在报纸上的媒体专栏中介绍。同时还要登载报社的见解。
朝日	报道与人权委员会（PRC）	2001.01.01	对因本社发行的报纸、周刊杂志等的报道造成的名誉损害、隐私侵犯及歧视等人权问题进行救助。解决过程坚持透明性。隔月举行。对投诉者与公共关系部门之间协调解决比较困难的例子，在委员判断可能存在“重大人权侵害”问题时，会随时召开会议。设置直属社长领导的专职事务局长负责受理投诉、进行事前调查、主持委员会审理。	社外委员（3人·任期2年）：原共同通讯社编辑主任·原寿雄；东京大学教授·滨田纯一；原最高法院法官·尾崎行信	隔月	对相关者进行独立调查，积极解决问题，审理结果概括为“见解”的形式，经当事人同意后在报纸或杂志上发表。
读卖	报纸监察委员会顾问	2001.04.01	为了听取对本报报道的意见和对报纸创办的建议。聘请3位“报纸监察委员会”顾问的同时，将社外7名提供参考意见的评论员改称为审查委员，目的是进一步提高报纸版面的质量。	顾问（3人·任期2年）：律师·竹田稔；全国社会福祉协议会会长·长尾立子；中央大学教授·堀部政男	一年数次	将3位顾问和7名审查委员共同召开的会议的内容反映在版面上。
共同通讯社	“报道与读者”委员会	2001.06.01	委员会（社长的咨询机构）主要对以下3点发表意见。一、是否诚以对待读者的意见、投诉和批判。二、对围绕采访或报道引起的纠纷，是否对当事者及读者尽到必要的说明责任。三、对必须告知读者的信息是否做了正确易懂的报道。设置直属于总编辑的“报道与读者”运营委员会。编辑局长任委员长。设置“报道与读者”联络协议会负责共同社与加盟社的读者应对。各加盟社的主管负责将读者对共同社的稿子的意见和批评随时与运营委员会联系。	委员（3人·任期2年）：原中国新闻报社的编辑局长（原广岛市长）·平冈敬；日本综合研究所理事长·寺岛实郎；明治学院大学教授·渡边·子	原则上2个月一次	编辑报道特辑向加盟社发送，同时在网站公开刊登。

查权的报道人，靠的是赢得市民的信赖和协助进行自由采访与社会上的恶势力对抗的。这才是获得宝贵信息的根本。对社会进行严格监督的记者是接受社会严格监督的头等‘公人’。”他提醒在当下时代，记者更有必要提高这种觉悟。

（作者系日本北海道大学传媒研究院副教授）

采写编

采写编

党报封面版如何打通两个舆论场

——以《南方日报》为例

□王长庚

王长庚

作为广东省委机关报,《南方日报》从 2009 年 10 月 23 日推出封面版，至今已有整整 5 年。相比都市类报纸和晚报，机关报的封面需要遵守的条条框框多，束缚多，惯性大，创新难。

总结这 5 年的经验，就是《南方日报》封面坚持围绕大局、服务广东省委省政府中心工作，在选稿上打通民间和主流两个舆论场方面有了相对成功的尝试，积累了一定的经验。总结这 5 年的教训，就是在服务中心工作和围绕市场选稿上摇摆，导致风格不一甚至风格迥异，有时为普通读者和用户诟病，有时也有领导表示不满意。但瑕不掩瑜，总体来说，《南方日报》的封面版极大地改变了机关报的报像，扎扎实实推进了机关报抢占市场的步伐。

专业化选稿：聚焦突发新闻，精选社会新闻

专业化选稿，民生化打题，常态化制图，这是《南方日报》封面走市场的“三板斧”，也是打通两个舆论场的三条经验。其中，专业化选稿是核心。所谓专业化选稿，就是聚焦突发新闻和重大社会新闻，当天什么新闻最热，读者最关心什么新闻，封面导读就选用什么稿件。这走的是纯粹市场化报纸的路径，有一定争议。

这样就解决了没有封面时头版捉襟见肘的难题，让省委机关报的“脸面”焕然一新。用南方日报社某些老报人的说法，相当于再造了一个市场化的“头版”，催生出了“双头版”。而传统机关报的头版，主要任务是服务好党委政府的中心工作，再报道一些重大时政、经济新闻。封面版的专业化选稿，弥补了社会新闻、重大突发新闻难上头版的短板。

表 1：南方日报封面版社会新闻和突发新闻一览
（2013 年 4 月 15 日—4 月 19 日）

见报日期	社会新闻	在版面所占比例
2013年4月15日	百家姓（主图）、H7N9病例、网购大麻调查、襄阳酒店火灾13死（副图）、科比受伤暂时退赛（副图）、广日集团事件等5条	一个主图两个副图都是社会新闻，占60%以上
2013年4月16日	2013年一季度全国经济数据制图	主图占版50%
2013年4月17日	一张五栏主图一张两栏小图，做足波士顿连环爆炸案	波士顿爆炸案占2/3版
2013年4月18日	一张五栏主图，H7N9康复患儿出院；两张小图：英国铁娘子逝世、深圳电梯踩踏9人受伤	图片占50%的版面
2013年4月19日	选用美国化肥厂爆炸3张图，其中一张主图五栏	美国化肥厂爆炸案占版60%

从上述一周的封面抽样（2013 年 4 月 15 日——2013 年 4 月 19 日，当时周六周日没封面）来看，封面的主图多数是当天国内国际上发生的重大突发新闻，最典型的例子是 2013 年 4 月 17 日的美国波士顿连环爆炸案、2013 年 4 月 19 日美国化肥厂爆炸案。浓墨重彩、主图加副图、加粗框集纳处理，对当天的突发新闻能如此处理，已经不亚于都市类报纸，这就是封面版专业化选稿的特色。

问题也来了：机关报的封面如果过分追求血腥的社会新闻，过分追求视觉冲击力，过分迎合社会的低俗需求，就会失去机关报的定位，失去目标读者尤其是公务员读者长期以来形成的信赖，失去省委机关报的公信力，甚至遭到抵触，得不偿失。

这是困扰《南方日报》封面版的一个问题，目前摸索出来的经验，就

南方日報

高度决定影响力

厚工坊

16

习近平同奥巴马通电话，强调下阶段双方要继续相向而行

构建新型大国关系管控分歧

广东研究生今秋起全部自费

取消"双轨制"，按照"新生新办法、老生老办法"的原则实施

学位授权点

重新洗牌

最高检决定

立案侦查

梁振英提交

政改报告

我省一本院校

今明补录

中国城市·道

省美术作品展开幕，共展出722件作品

广州公交车

着火

生命通道

莫斯科地铁

脱轨

国企改革破局6央企首批试点

释放改革提速信号，专家释疑为何试点没有中石油中石化

强台风威马逊今天进入南海

18日或奔粤西，广东紧急抢收晚稻，省防总提前部署防御

南方日報

13

习近平同奥巴马举行会谈

中国首次向美出口民用飞机

首批10年有效赴美签证颁发

华裔小提琴家陈美禁赛四年

生育津贴将挂钩本单位工资

穗拟提居民基本养老保险待遇

最高档缴费15年，每月可多领531元养老金

下周起香港取消人民币兑换上限

8860万件

人造探测器首次登陆彗星

一海马贪官家搜出上亿现金

用微信电话本打电话免费？

全球五大银行遭罚34亿美元

是重大社会新闻和突发新闻，在版面上理性处理，除了在做标题时注意挖掘正能量、弘扬真善美之外，在版面上也在弱化，把重大社会新闻处理成副图，压缩在封面上的占版规模，把版面更多地让给政经新闻。

最近的案例，就是2014年7月15日广州发生301路公交车爆燃案，第二天见报的《南方日报》封面安排301路公交爆燃案和莫斯科地铁爆炸案作为边栏图，主图用了“广东省美术作品展开幕”。

民生化打题：激活政经新闻，营销民生亮点

浓墨重彩处理重大的突发新闻和社会新闻，这对机关报来说，在技术层面不是难事。有难度的是如何在封面高质量地呈现会议新闻、程序式新闻。而对机关报来说，会议新闻、程序新闻恰恰是主业，是强项，是指定任务。

《南方日报》封面的做法是，用专业化打题的方式盘活会议新闻，激活政经资源，在会议新闻、程序新闻中寻找目标读者和网络用户关注的民生新闻点，用新闻题来包装会议新闻，既传播正能量，又市场化营销主旋律，吸引读者和用户。

从上述标题制作来看，封面版的标题倾向于做民生标题，务实不务虚。头版标题讲究庄重大气，宏观而务虚。如2014年11月10日见报的习近平出席APEC工商峰会发表主旨演讲，《南方日报》头版的主标题是《中国发展将给亚太和世界带来巨大机会》，强调主旋律，相对比较宏大、务虚；而封面版的主标题是《习近平：创造和实现

表 2：南方日报封面版头版标题一览
（2014 年 11 月 10 日——11 月 15 日）

见报日期	封面版标题	头版标题
2014年11月10日	习近平：创造和实现亚太梦想（主题）出席APEC工商领导人峰会开幕式并发表主旨演讲，强调中国发展将给亚太和世界带来巨大机会（副题）	习近平出席APEC工商领导人峰会，指出坚持亚太大家庭精神和命运共同体意识，创造和实现亚太梦想（眉题）中国发展将给亚太和世界带来巨大机会（主题）
2014年11月11日	习近平和彭丽媛欢迎出席APEC非正式会议贵宾（眉题） 让太平洋真正成为太平之洋（主题）	习近平和彭丽媛欢迎出席APEC领导人非正式会议的各成员经济体领导人、代表及配偶（眉题） 勾画亚太发展愿景 确定未来合作方向（主题）
2014年11月12日	APEC领导人非正式会议在北京举行，习近平主持并发表重要讲话（眉题） 启动亚太自由贸易区进程（主题）	APEC领导人非正式会议在北京举行，习近平主持会议并发表讲话，倡导推进区域经济一体化（眉题） 共建互信包容合作共赢的亚太伙伴关系（主题）
2014年11月13日	习近平同美国总统奥巴马举行会谈（主题） 强调不冲突不对抗、相互尊重、合作共赢的原则落到实处（副题）	习近平同美国总统奥巴马举行会谈（主题） 强调从6个重点方向推进中美新型大国关系建设 把不冲突不对抗、相互尊重、合作共赢的原则落到实处（副题）
2014年11月14日	习近平同墨西哥总统会谈,推动中墨全面战略伙伴关系发展（眉题） 打造"一二三"合作新格局（主题）	习近平同墨西哥总统培尼亚举行会谈强调（眉题） 推动中墨全面战略伙伴关系（主题）
2014年11月15日	习近平抵澳出席G20峰会（主题） 并对澳大利亚进行国事访问（副题）	习近平抵达布里斯班出席G20峰会（主题） 并对澳大利亚进行国事访问（眉题）

亚太梦想》，直截了当突出习近平演讲的关键词"亚太梦"。

每逢中国和广东举行重大的会议，如十八大召开、十八届四中全会召开、广东省委全会等，《南方日报》的头版和封面版都会分工合作，封面致力于盘活会议新闻、时政新闻，制作一看就解渴的民生新闻标题，给读者呈现不一样的封面，同时保持和发扬传统头版高端大气、庄重典雅的特色，顺畅地打通民间舆论场、主流舆论场，让国计民生和谐地在封面版共处，尽可能给读者和用户更多的新闻点和信息资讯。

南方日报 17

习近平向奥巴马致慰问电

就波士顿爆炸案向美国政府和人民表示深切同情和诚挚慰问

波士顿连环爆炸

□中国留学生有一人受伤

□纽约华盛顿已加强警戒

□奥巴马发誓将全力缉凶

□塔利班否认关联爆炸案

18个集团军番号公开

陆海空三军总兵力公开

7.5级强震 伊朗逾40人死亡

"两新"党组织覆盖率超70%

景点提价前须公示半年

周吉平出任中石油董事长

疑遭室友投毒 复旦男生去世

汕头交通会战构大特区骨架

治学与为人 一以贯之

逐步提高计生奖励标准

考评低于60分 又弄虚作假免职

3市10县区 被通报批评

越秀东山口拟建医疗城

南方日报 18

中国移动首发

一中国公民波士顿惨案中遇难

美国按"恐怖行径"进行追查

爆炸案给奥运世界杯"上弦"

加紧推进南沙中心城区建设

北京首例H7N9女患儿病情痊愈

康复出院

公务车或有特殊通行证

佛山能否例外

限外不是排外

南海舰队编队巡航钓鱼岛

将行政审批权关进"笼子"

广告坠落伤人 设置者负责赔

厦门成海西明珠 汕头"二次创业"

全军共230万人 包括第二炮兵等

送别"铁娘子"

蔡志涛被停职接受立案调查

法院原副院长刘伟华被立案

深圳电梯踩踏 9名学生受伤

城轨莞深段缩短12公里

部分景区五一最高涨价50%

但民生化打题不能被网络舆论所左右，不能过分追求轰动性，否则就会坏菜，甚至翻船。2012 年 5 月 9 日，广东省第十一次党代会开幕，时任广东省委书记汪洋代表十届广东省委作报告，有很多可圈可点的金句。例如“人民群众是创造历史的主体，也是建设和享有幸福广东的主体。追求幸福，是人民的权利；造福人民，是党和政府的责任。我们必须破除人民幸福是党和政府恩赐的错误认识”。

第二天广州同城不少报纸,选用了“破除人民幸福是党和政府恩赐的错误认识”作主标题，受到批评。而《南方日报》封面版责编，在报社值班领导的提醒下，将标题改为“省第十一次党代会隆重开幕，汪洋代表十届省委作报告（眉题）坚持社会主义市场经济改革方向（主题）”，很好地传递了广东省第十一次党代会的主题，大气而又有新闻性，符合省委机关报的定位，做到了差异化发展。

常态化制图：只看新闻靓不靓，不问正面和负面

相信每家报社封面版的责编都有一个共同的“痛苦”，就是每天如何找到一张新闻照片：既有新闻性，新闻很重要，关注度很高，又要有视觉冲击力，画面要么场面宏大，要么有足够的现场感和震撼力。

但靓图往往如海市蜃楼可望而不可及，要么是重大的时政新闻，却只有文字，没有照片。即使有图，也是新华社制图，放在报纸的内页版尚可，拿到封面做主图，就没办法撑场面。比如十八届四中全会闭

幕后，新华社授权发布的《中共中央关于全面推进依法治国若干重大问题的决议》，新闻足够重要、重大和火爆，但就是没有图，没有好图。

另外一种情况，就是突发新闻发生时，有图片，图片质量不错，但是题材不够重大，做个小图没问题，但是要做封面的主图，确实是难上加难。比如，佛山某区一个车祸、东莞某街道一个火灾，伤亡人数很少，没有新闻点。

按照惯例，封面版编辑是坐等摄影供图。《南方日报》开设封面版后，封面版责编和美编经过磨合后，摸索出的一条经验是新闻制图。一旦有重大的时政新闻发生，制图成了不可缺少的例牌菜。如 2014 年 10 月 28 日，十八届四中全会关于依法治国的决定由新华社发布，《南方日报》封面版将《决定》的要点设计制图，用“科学立法”、“严格执法”、“公正司法”、“党的领导”四个方面来统领。在“科学立法”的小标题下，自主做了三个中标题：建立宪法宣誓制度、编纂民法典、加快推进反腐败国家立法。

十八届四中全会召开前后，学界对政法委的职能调整分歧颇大，是《决定》的最大亮点之一。封面版在“党的领导”小标题下，做了两个中标题：党规党纪严于国家法律、政法委员会长期坚持。这就极大程度上满足“读者欲知、未知”的新闻和信息需求。

重大的时政新闻通过制图呈现，重大突发新闻和社会新闻，也可以通过制图更好地在封面版呈现。如 2014 年 9 月 11 日，黑龙江延寿县看守所“9·2”脱逃案告破，最后一名逃犯高玉伦杀警越狱 9 天后落网。当晚新华社发了两张手机拍摄的图片，像素只有

南方日报

我国一季度GDP增 7.7%

经济增速比上季度小幅回落，仍属平稳增长

粤高校新增专业
124个
今年可招生

全国计划招研究生
60.8万
录取率近1/3

广州中心六区
住宅地供应猛增
近五成

2013年 一季度

118855亿元

58092亿元

55451亿元

7427元

2871元

沪指跌破
2200点

广交会首日客流较上届明显回升

珠海民用潜水艇
试航时突然沉没
3人失踪1人获救

珠三角PM2.5
昨大面积超标

深港融合
“双城之恋”

委总统选举
马杜罗险胜

学生游凤凰
门票降至20

派出所副所长疑
驾车撞死人逃逸

中国女排选帅
郎平成大热门

摇盘不明码标价
8房企被罚千万

李嘉诚15年
蝉联华人首富

南方日报

中共中央关于
全面推进依法治国
若干重大问题的决定发布

建立宪法宣誓制度
编纂民法典
加快推进反腐败国家立法

行政机关不得法外设定权力
大幅减少市县执法队伍种类

变立案审查制为立案登记制

党规党纪严于国家法律
政法委员会须长期坚持

三大人才计划
昨起接受申报

广州升级防控
埃博拉病毒

探月“小飞”或
下月1日回家

530米！

陈铁新涉受贿
被立案侦查

“扎针女婴”体内
12根钢针全取出

云安撤县设区
获国务院批复

科技服务业规模
2020年达8万亿

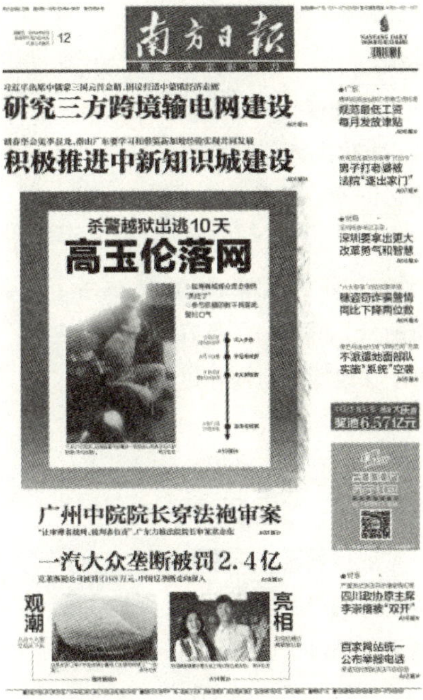
南方日报

12

研究三方跨境输电网建设

积极推进中新知识城建设

杀警越狱出逃10天

高玉伦落网

广州中院院长穿法袍审案

一汽大众垄断被罚2.4亿

观潮

亮相

规范最低工资每月发放津贴

男子打老婆被法院"逐出家门"

深圳要拿出更大改革勇气和智慧

不满退地面部队实施"系统"空袭

四川政协原主席李崇禧被"双开"

百家网站统一公布举报电话

南方日报

12

APEC领导人非正式会议在北京举行，习近平主持会议并发表讲话

启动亚太自由贸易区进程

习近平同奥巴马在中南海会晤

构建融合创新互联的亚太

建立APEC反腐执法合作网络

第十届中国航展开幕

炫舞蓝天

改革进行时

广东省属国企改革方案出炉

房地产税等将成县市主体税种

11·11

网购疯狂超过去年

穗逾千对新人领证

中大今迎90周年校庆

两客机跑道上发生剐蹭

奖池11.03亿元

50K、60K，放到版上模模糊糊，怎么办？还是制图。用新华社的低像素照片做素材，精心设计一扇铁门也是四堵高墙，四面都是高墙，如同监狱。高玉伦落网的照片裁成竖图，放在“铁门”的左边，右边用时间轴做小图，标示高玉伦从越狱到落网被抓的时间节点。这样虚实结合，较好地解决了封面没有好图的问题。

近年来，《南方日报》封面版通过抓取新闻点做标题、制图的方式，解决了困惑机关报已久的“血腥图片不上封面、政经新闻没有图片”的尴尬，当天最靓的政经新闻，没有现场的新闻照片，就制图，从理念上保证了主图的正能量，打通两个舆论场就落实在制图这个细节上。

利用已有的新闻照片进行制图，有两种处理方式：一是“造图法”。图片质量不高，但新闻性强，新闻照片完整保留，以不损害新闻的真实性和现场感为最高原则，如上文所提到的“高玉伦落网记”，在设计高墙的总创意下，完整保留高玉伦落网时的现场图片，在此基础上再来设计高墙。2013年1月11日《南方日报》封面，主图是一把剑，主题是“广东交警、交通部门联手打击高速公路冲卡逃费犯罪”，由于冲卡逃费的新闻比较重要，图片质量不怎么的，就设计了“亮剑”的创意，把冲卡逃费的3张小图放在“剑柄”里。

二是“造字法”。就是照片没有新闻性，完全是当成制图的素材。常用的做法是在新闻稿件中寻找与主图主题相吻合的字，用字来制图。比如广东发布21个地市幸福指数考核结果，就用“福”字作为创意，把资料图片镶嵌在“福”字的笔画里。

随着对封面新闻理念理解的加深，封面

版美编的制图水平也在逐渐提高，报纸的卖相也越来越好。

《南方日报》的封面靠摸着石头过河，一直在尝试，一直在改变，一直版无定法，也没有现成的模式可以参照。聊可参照的是晚报和都市类报纸。众所周知，晚报和都市类报纸，封面版和导读索引版起步早，市场大，经验丰富，但其读者定位和机关报完全不同，其报纸内部奉行的采编专业化、经营市场化、强调报纸零售。

近两年，全国的媒体都在弘扬主旋律、增加正能量。对于《南方日报》封面走市场来说，压力比之前就更大了。顺应互联网时代，同时为了更好地弘扬主旋律，2013年11月27日《南方日报》第十次改版，封面在过去的“常规版”、“海报版”基础上，提出“网页版”导读的新模式。

所谓“网页版”导读，有三个指标：一是分栏。整个封面版分为三个大栏，其中两个大栏对半分，留个边栏。这打破了过去常用的“五一”走栏，两个大栏可以把时政新闻、社会新闻并肩处理，同等视觉规模呈现，结果就能弱化社会新闻的占版规模和视觉冲击力，突出时政新闻的占版规模。二是弱化主图，提倡双主图，这尤其适用于重大突发新闻现场过于血腥、上级部门明确要求不能渲染炒作的情况。三是多图，双主图、双副图、三副图。边栏甚至全部可用小图，一般放三张小图，最多可放四张小图。如广州“301路公交车爆燃案”。多图不仅符合“图读时代”的要求，也能在同等规模的版面上呈现更多的新闻和信息，时政新闻和社会新闻、民间舆论和主流舆论就能更多地共处在封面版。

互联网正在深刻改变人类的社会关系，也在改变国家和社会的运行，势必对传统媒体如报纸形成更大的冲击，也会带来更大的改变。下一步，报纸的封面怎么改，结果又会如何，靠时间来检验。

（作者系南方日报要闻编辑部副主任）

省委机关报视野下的区域经济观察
——以"寻找广州经济领头羊"、"广州转型发展力量报告"两组报道为例

□陶达嫔　郑佳欣

陶达嫔

郑佳欣

精准设置议题，引爆中心城市舆论场

在众声喧哗的多元时代，在人人都有麦克风的信息时代，传播"去中心化"、碎片化的趋势日益凸显。在这样的背景下，主流媒体要发出权威声音、引领社会舆论，必须改革与创新，在新闻理念、操作手法、组织模式等方面，都亟待转型升级。南方日报寻找经济领头羊系列策划找准社会关切的热点，主动出击设置议题，做到强化议程设置，引导主流舆论。

在百舸争流的区域竞争格局中，经济总量和城区人口位居全国第三的广州如何应对与突围？北京、上海继续保持引领态势，在综合竞争力上遥遥领先，而苏州、天津、重庆等城市则高速崛起，竞争位势不断上移，对广州"第三城"地位形成了前所未有的挑战。

今年1月，中共中央政治局委员、广东省委书记胡春华在参加省委十一届三次全会广州组讨论时，明确要求广州加快产业转型升级、抢占经济制高点。

从社会各界的关注到省委书记提出的命题，对广州未来经济发展的思考逐步发酵。在这样的背景下，一篇《"北上广"概念将瓦解 广州或失去一线城市地位》的文章刚一出炉，便在朋友圈被疯狂转发，这也说明广州

经济发展的话题确实切中了各方关注的焦点。

广州发展所面临的问题实际上与很多城市颇为相似，而广州如何抢占经济发展制高点，无疑对省内其他城市的发展也有参考意义。基于这样的判断，南方日报着手策划了“寻找广州经济领头羊”的报道，通过选取广州不同行业、企业、园区和科研机构，作为城市经济观察的微观样本，从工业变革、商业新军、科技创新、广州服务、自主研发、绿色经济六个维度，挖掘并观察新经济时代广州经济发展的新力量。在前一阶段报道的基础上，南方日报又在今年 11 月推出“寻找广州经济领头羊”姊妹篇——“抢占经济制高点——广州转型发展力量报告”的重磅策划，从区域和企业两大方面寻找广州转型力量，形成了强大的舆论声势和品牌影响力。

与寻找广州经济领头羊的报道相呼应，南方日报先后策划推出了广州专业市场大调研等系列报道，形成一个强烈的舆论场，持续引爆广州经济版图中的核心话题，为经济发展和社会进步营造了积极向上的舆论氛围。

由省委机关报策划推出的区域经济报道引起区域广泛关注，说明报道本身找准了当前社会关注的核心话题，充分发挥了主流媒体的议题设置作用。寻找广州经济领头羊的系列策划把广州加快产业转型升级、抢占经济制高点这一“政府议题”转化为“媒体议题”，通过有组织地拓展报道的广度、提升新闻的思想高度，在公众当中形成广泛关注的议题，进而获得社会各方面认同和支持、聚合社会各方面舆论和力量。只有媒体设置的议题与政府议题、公众议题深度契合，才能在有效的议程控制中使政府、媒体和公众在传播中形成了“共同意见”，唱响同一首歌。

A 2013中国B2C十强

► 2014年3月9日，中国电子商务研究中心发布《2013年度中国网络零售市场数据监测报告》，报告还发布了《2013年中国网络零售市场十强榜单》。

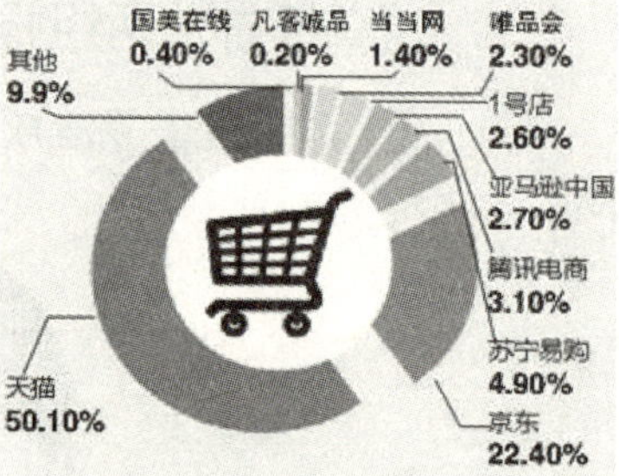

B 广州整体情况（广州市经贸委提供）

► 2013年广州全市电子商务交易额超万亿元。其中网络购物消费额近300亿元，在中国网络购物城市订单量排名中名列前茅。

► 全市电子商务服务企业达1800多家，拥有唯品会、环球市场、欢聚时代、太平洋电脑、久邦数码等海外上市企业，全市电子商务服务年收入超过150亿元。广州作为华南地区电子商务运营服务中心地位凸显。

► 广州市第一批电子商务示范企业名单

1. 广州唯品会信息科技有限公司（唯品会）
2. 广州摩拉网络科技有限公司（梦芭莎）
3. 广东塑料交易所股份有限公司（广东塑交所）
4. 广州龙媒计算机科技有限公司（环球市场集团）
5. 广州华多网络科技有限公司（YY语音）
6. 广州市广交会电子商务有限公司（广电商）
7. 广东南航易网通电子商务有限公司（南航易网通）
8. 广州移盟数字传媒科技有限公司（钱库）
9. 广东林安物流发展有限公司（林安物流）
10. 中经汇通有限责任公司（中经汇通）
11. 广州市易票联支付技术有限公司（易票联）

C 唯品会数据

2011年

净营收 2.271 亿美元

活跃用户数 150 万人

总订单量 730 万份

按非美国通用会计准则，2011财年净亏损为 8260 万美元。

2012年

净营收 6.921 亿美元

活跃用户数 410 万人

总订单数 2190 万份

按非美国通用会计准则，2012财年净亏损为 190 万美元。

2013年

净营收为 17 亿美元

活跃用户数 940 万人

总订单数量 4920 万份

按非美国通用会计准则，2013财年净利润为 6480 万美元。

A03 寻找广州经济领头羊

打造"广州价格"，握紧市场话语权

大宗商品定价"广塑指数"崛起

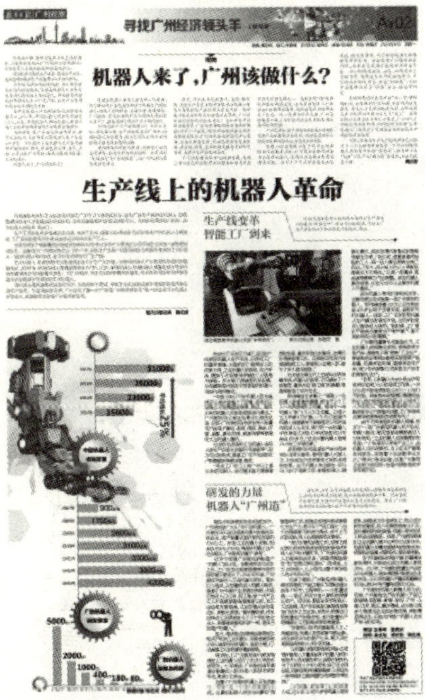
寻找广州经济领头羊 A02

机器人来了，广州该做什么？

生产线上的机器人革命

生产线变革 智能工厂到来

研发的力量 机器人"广州造"

走读式观察+大数据分析，让报道写进读者心坎

中共中央政治局常委、书记处书记刘云山曾指出，应该把新闻写在广阔大地上，写在人民群众心坎上。

一组有生命力的区域经济观察，也应该写进"行家"读者心坎里，既要清晰把握发展的脉搏，捕获表象背后的动向，也应从海量信息中提炼挖掘出更具深度和贴近的精品新闻，力求以专业赢得核心竞争力，从而引起更广泛的共鸣。

今年5月12日至6月9日期间，南方日报广州新闻部推出的"寻找广州经济领头羊"系列报道，在广州主流读者群中引起了巨大反响，报道不仅被新浪、网易、人民网等网站转载，还在微博、微信等新媒体上被广泛传播。有广州官员称，这组报道真正抓到当前广州经济发展的关键点，一些广州知名新锐行业的企业人评价报道"点到行业发展的关键"，不少专家学者、知名网友还由此展开针对广州经济发展的话题建言献策，在南方日报"广州大道"评论栏目，还就广州如何抢占经济制高点的话题撰写相关评论。

这组系列报道，策划初衷旨在寻找新经济时代引领广州经济发展的火车头，试图通过一组前瞻、专业的经济报道，让报道给"行家"读者带来启发，报道推出之后，受到社会各界如此多的关注和支持，让我们始料未及。

"寻找广州经济领头羊"系列报道，以及紧跟其后的"抢占经济制高点——广州转型发展力量报告”特别报道的推出，是对当前广州经济发展的一次集体观察与思考。寻找引领未来广州经济发展的创新引擎，对全球坐标系下的广州经济发展优与“忧”进行梳理和前瞻性观察，成为这组报道的出发点。

如何让这组策划背景宏大的区域经济话题“落地”，并真正做到洞察市场的前沿趋势变化，决定了整组报道影响力走向怎样的深度和广度。

为了让整组报道更“接地气”，引起更广泛的“共鸣”，记者兵分多路，前后历时半年，深入走访了大量政、企、院校及科研机构，采访量涉及广州发改、经贸、物价、统计等所有经济口职能部门，广州 11 个行政区，若干重大经济发展平台，以及数十家重点企业、机构、园区样本，通过走读式调研、大量访谈收集的数据、以及深度观察等方式，挖掘并初步系统梳理出了由报道勾勒出的新经济时代广州经济发展的新力量。

这些观察样本或是新产业，或是推动传统产业革新的新技术企业，或是以新商业模式赢得竞争力的新业态。他们不在广州的“支柱产业”序列，但凭借着新技术、新模式、新业态，快速成长并迅速崛起，逐渐成为影响中国新经济成长的重要力量。

在文本表现形式上，我们采取了结合大数据时代下读者阅读习惯变化的要求，利用可视化数据拓展新闻的深度和广度，通过“数读”、“图说”等形式，让深度观察更直观、形象、易懂。

《南方日报·广州观察》推出的“寻找广州经济领头羊”系列报道，也成为了目前广州多个经济口职能部门研究新经济政策的参考调研素材。

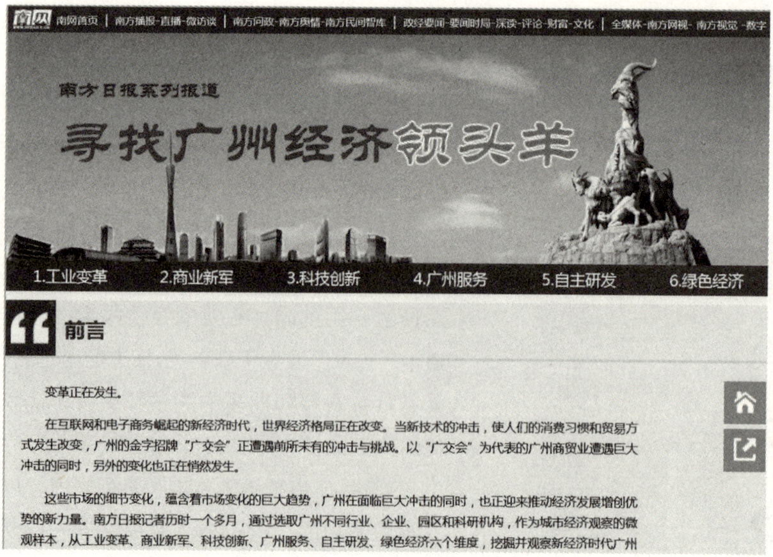

丰富传播介质，多媒体融合互动扩大影响力

一个好的新闻策划创意，要真正“落地”并形成持续影响力，除了策划本身独到有创新，关键还离不开团队的合力。

从“寻找广州经济领头羊”系列报道，到“抢占经济制高点——广州转型发展力量报告”特别报道，两组报道横跨半年之长，能够有节奏地形成持续性影响力，与整体策划、采编部门深度联动，齐心打造新闻精品的共同意识分不开。在报社领导的指导和编辑小组的全力配合下，“寻找广州经济领头羊”、《抢占经济制高点——广州转型力量发展报告》两组报道，都在较短时间内以更好的面目呈现在读者面前。

在微信、微博和互联网无时不刻都在“直播”社会万象的信息时代，传媒的竞争不再停留在平面媒体平台。新旧媒体融合转型时期呈现的种种变化，都对纸媒提出变革的要求。

要让新闻生产内容赢得更多关注，还应该尊重新媒体受众需求和信息接收习惯，丰富传播介质，融合多种新媒体平台扩大报道影响力，力争在新的传播格局中进一步凸显南方日报作为省委机关报的品牌优势、内容优势和创新优势。

因此，在“寻找广州经济领头羊”系列报道中，我们尝试在整个策划、采编、推广过程中，“全链条”实践全媒体思路，通过与南方网、视觉新闻部的联动，采取以报、网、移动客户端同步推进的方式，在广州观察推出系列报道同期，在南网开设了“寻找广州经济领头羊”网络专栏及视频专辑，并在南方日报官方微信专栏开设了“寻找经济领头羊”微信专题。

南方日报 广州观察 A01

寻找广州经济领头羊

大型系列报道今起推出

市场的力量 开放的广州

生产线上的机器人革命

机器人来了 广州该做什么？

滋补品母亲节热销 大雨冲不淡浓浓亲情

送康乃馨感怀母恩 “准妈”徽章地铁推行

借助平面媒体报道、网络专栏、视频报道、微信专辑等不同媒介平台呈现的新闻产品，推动政府、市场、学者、媒体等“多个舆论场”共同聚焦广州新经济发展。受到了来自政府、企业、学界和观察人士的良好评价及持续关注。报道不仅被新浪、网易、人民网等网站转载，还在微博、微信等新媒体上被广泛传播。

从这点来看，在新旧媒体融合转型的时代，省委机关报视野下的区域观察要赢得更广泛的关注与影响力，就需要做到不断创新与融合，不断提升“老本行”能力、优化内容生产，不断创新思路、以用户为中心推动单向传播变成贴心服务，让“老本行”成为新的“增长点”。同时，推动了系列政务广告与高新科技企业商业广告在南方日报的同步投放，实现了新闻高品质传播与市场的同步认可。

（作者皆系南方日报广州新闻部副主任）

商业名流采写方法论

□李军奇

李军奇

商业大佬显然是目前媒体，尤其是财经类和时尚类媒体热捧的对象。得到柳传志、马云、王石等大佬的采访允诺，能让采写者得瑟一阵。不是为采访本身的牛逼，而是因被大佬看得起而顾盼自雄，常常是当下商业人物报道的真实生态。

如何写一篇不羞辱自己和读者智商，而能让采访对象尊重的商业人物报道，是需要从业者认真检讨的问题。

采访提纲的拟定，是一场智力游戏

采访商业大佬，一般有三种情况。第一种，火中取栗型（以新闻事件中的商业大佬为采访对象）。商业大佬正处于新闻事件核心，采访大佬成为各类媒体展示影响力与实力的机会。譬如阿里上市，此刻如能得到马云的专访机会，就值得记者自傲一下。《中国企业家》是国内资深的财经媒体，商业大佬也通常坐镇其封面。这次也未能抓住马云，但仍用一尊罗马雕塑般的马云图像上了封面，以《云图》为题梳理了“阿里国”缔造者的突围与辉煌。譬如 2013 年 7 月，马云拜访“大师”王林的照片曝光，马云和大师的关系被大家津津乐道。那时马云避见一切媒体，只以微博回应称，“对未知的探索、欣赏和好奇是我的爱好，好奇心让人受益”。通常这类因公众关注的新闻事件而起的人物专访，难度系数最大。当然采访到的幸运者总被我们记取，譬如王功权私奔事件，《南方人物周刊》、《南方都市报》都专访到了王功权，且对话有料有种。

第二种，顺手推舟型（以展示思想、观点为核心）。这种情况是媒体基于商业观察，需要对领导商业变革或变革公司治理或业务方向的大佬予以采访。譬如《财经天下》2014年某期的封面人物是杨元庆，谈联想维新，“现在到了一个严峻的时刻，我们需要用互联网思维武装自己。”譬如《中国企业家》2014年第11期封面人物是刘强东，杂志重点探讨他对公司的控制力问题。譬如《精英》杂志2014年封面人物是冯仑，此时冯仑正力推“立体城市”的概念，文章的标题是《冯仑出牌：立体城市是我的收官之作》。这种访问，是应景性的，或者是聚焦性的，它不求展示商业大佬的整体风貌，而是集中探讨大佬当下的商业思想。这类采访，客观上近似企业与公众的沟通，有利于企业形象的塑造，企业公关总监也乐于配合，商业大佬一般也愿意接受采访。采访的难度系数适中。

第三种情况，锦上添花型。纯属展示商业大佬的形象与思想。这类采访，大多出现在《智族》、《时尚先生》、《商界时尚》、《南方人物周刊》、《人物》等生活与人物报道类杂志上。通常的标题诸如此类，《雷军豹变》，《郭家学：梦醒迷城》，《愁容骑士孙大午》等。此类稿件，不打算过多在企业管理与

商业思想上纠缠，而是多在意商业大佬的人生态度与公共情怀。这类稿子，普遍属于锦上添花型。

明白了自己的采访类型，便于有目的地做好采访前的准备。譬如，火中取栗型的采访，在向大佬提前预看的采访提纲中，不要罗列尖锐的问题，多以讨教，甚至替对方解围的语气设置提问，让对方明白，你懂他，也爱他；譬如，顺手推舟型的采访，顾忌相对少点，多准备商榷性的问题、有争议的观点；譬如，锦上添花型的采访，多就公众性、公益性话题设置问题。

但无论如何，对于商业大佬的采访，一定要在采访前做足有细节的功课准备。了解大佬的第一桶金、企业管理特色、人生低谷和争议是非。

对不长于表达的采访对象，采访的问题，更需要注重提问技巧，譬如在陈列细节后，征询大佬的态度和观点，这样比一点点向大佬抠细节更方便；对于采访时间不十分充分的专访，要抓住自感最能出彩的问题，可以不要惦念其他问题，集中火力，纵深勘探。

采访提纲不能把最想表达的，尤其是具有刺激性的问题全部写出，防备被对方的助理直接扑杀；又不能四平八稳，大部分是别人提问的问题。稍带尖锐或具有深度的提问，可以引发采访对象的重视。

争取更多的采访机会

商业大佬的时间金贵，很多时候，他们给予媒体的是群访机会。但群访能掏到什么货色，再厉害的写手也不敢打包票。于是争取独家专访，争取更长时间的专访，成为敬业的记者与企业公关讨价还价的必具技能。

2012年，任志强因与王巍做读书沙龙而再度被网络热议。我所在的《精英》杂志准备就企业家做文化公益的话题，采访任志强。因有王巍的推荐，前期的联络采访相对容易。采访约在任志强的北京办公室。任志强坐在办公桌后，面色严肃，他几乎对所有问题，都提不起精神；想要问的细节，他都不屑于回答。蜻蜓点水的回答，不生动，也不独特，我和同事几乎失去了继续采访的信心。约定的 1 个小时的采访时间到了，我内心绝望地关上录音笔。摄影师拍完了所有该拍的照片，准备要走。我不死心，给任志强的助手提出晚上继续采访的要求。助手说，时间太晚了，等下就要开读书沙龙了，任总要上场主持。死马当活马医吧，我决定留下，参加当晚的读书沙龙。谁料读书沙龙开了，场下座位满员，连过道站也挤满了人。我只好竖起耳朵，居然听见了各种有趣的细节。庆幸当时没有放弃晚上的围观，否则恐怕就失去一些鲜活的报道素材。

2012年，是孙大午“蒙冤十周年”。十年前，他因涉嫌非法集资被抓。《精英》杂志派我去河北保定采访孙大午。当然，我们不是为他树碑立传，我是看到他性格和为人的冲突——他乐意交结学界朋友，但学界的朋友对他亦有恶言；他免费接待谈得来的朋友,但在有的人眼里他很“吝啬”；他读书不少，有家国情怀，但圈内人说他信奉威权，搞个人崇拜。这是一个有趣有深度的企业家。除了在孙大午的两处办公室专访外，我要求旁听他的会议，并在他的企业采访了上至董事长（孙大午的大儿子）、总经理，下至网管、司机；我跟随孙大午在他的工厂与生活区闲转，无主题闲聊。孙大午笑着说：你了解我的情况这么多，都可以写本书了。

显然，这些东西尚不足解答我心中的疑问。我利用一次出差北京的机会，采访了一位在网上公开发表文章批评孙大午的学者。之后，也采访了一位孙大午相识多年的学者朋友。从他们或谨慎或坦率的话语中，我自信可以用素材和细节推演和解释一个有个性的企业家。

我相信，优质的人物报道，都是以采访时间堆积起来的。《人物》杂志编辑部有规定，每1000字要有一个消息源。曾经有篇稿子上版后，发现缺了一个外围采

访，撤版，补采，留到下期发。

采访核心人物及其周边人物，不遗余力，应是优秀记者的基本素质。“如何在15分钟的采访下做出5000字的特稿”，这一类“奇技淫巧”曾一度在圈内风行。在当下，这种对业务的死笨要求的严苛精神和做法，正在一点点流失。

但当你继续追问，商业大佬就是不答应给予更多的采访时间和机会怎么办？还是那句话：有多少料，就写多少事吧。这事勉强不得。注水猪肉，虽然虚胖，压秤，但终究不是良心肉，骗不了读者犀利的目光。

用具有张力的细节展开叙述

细节是人物报道中最微小、最生动、最传神也最具吸引力和感染力的事实。一个生动、感人的小情节，往往能触动人的情感和灵魂。

这是《中国企业家》2014年19期的封面报道《云图》的开头：

阿里巴巴集团（以下简称阿里）上市敲钟前一天（美国当地时间9月18日），马云拜访了投资大鳄乔治·索罗斯。从索罗斯家里回酒店的路上，没走多远，突然听到背后有人叫“Jack”（马云的英文名）。他心中纳闷：在这里还有人认识我？回头一看，是原通用电气（GE）董事长杰克·韦尔奇。

2008年5月，马云与韦尔奇成了很好的朋友，那一年是马云的“学习年”，除了韦尔奇之外，他还拜访了比尔·盖茨、巴菲特和稻盛和夫。他曾告诉本刊，新经济行业在此前是破坏规矩，到后面建规矩的时候，必须向传统公司学习。

马云在阿里上市前拜访资本大鳄的归程中被杰克·韦尔奇突然叫住，这样一个突发性的细节，被作者用来引出马云的商业思想的传承，同时以此切入，轻轻织就了马云的国际人脉网。

《中国企业家》2013年某期封面报道《煎锅上的俏江南》的开头：

元旦假期后第一个工作日，坐在俏江南餐饮集团总部的办公室里，董事长张兰不禁提高了声音。灰色丝绒沙发背后是一张放大了的照片，照片里的她身披哈达，面带笑意，周围簇拥着一群僧侣。虽然从小信奉藏传佛教，又刚刚从佛国印度修假归来，可控制情绪显非所长。

如果一切顺利，现在本该是开香槟的时刻。俏江南自2011年3月向中国证监会递交了上市申报材料，历经波折，最终转战H股，并已通过聆讯。漫漫上市路似乎将走到终点。可就在此时，因一起偶然披露的移民事件（一位前员工发现，为了上市，张兰放弃了中国国籍），她陷入了有生以来最大的声誉危机。

在本来可以开香槟庆贺的时刻，却被一个前员工披露其移民事实，张兰的愤怒自然可以想见。作者用张兰办公室的一张她披哈达的照片入手，描写张兰当下尴尬处境——信佛的她，想必学会控制情绪，不暴怒于外；而一件偶发事件摧毁了唾手可得的成功，是谁，都愤怒。本文作者以此开题，让有人有兴趣继续看看张兰究竟在“俏江南”中埋下多少情与怨。

“悲剧啊……”坐在我们对面的李宁紧皱眉头，发出一声慨然长叹。

他叹的是李经纬。两个多月前，74岁的前健力宝董事长在三水家中去世，4月27日，在李经纬的追悼会上，未能见到李经纬最后一面的李宁一袭黑色西装出席，被镜头捕捉到了潸然泪下的画面。李经纬困厄病榻间，李宁承担了所有治疗费用，李经纬逝世后，他又帮忙料理了后事。

这是2013年第13期《中国企业家》封面报道的开头。满脸愁容的李宁感叹他的商业启蒙教练的去世。这个情绪基调对应了李宁公

司经营的艰难：猛药一剂接一剂，治理的效果却不明显。

什么叫有张力的细节？有张力的细节就像优质气球皮，能吹起一个弹性十足的大气球，自然，“吹”进去的是读者由该细节引发的阅读期待。有张力的细节，具有如下素质：第一，能寓意或点破人物个性或人物当下的处境，譬如张兰办公室的照片；第二，能推动故事有趣地展开，譬如杰克·韦尔奇在马云身后的一声招呼；第三，埋下引子，能引爆故事后面的高潮，譬如李宁的哀叹，奠定了整篇文章叙事的低沉基调。

多用叙事式语句

《人物》杂志的编辑总监张卓在《南方周末》编辑的2014年《马后炮》夏季刊的一篇文章中说：“就事说事，一点点推荐故事，不要掺杂太多评论和价值观的呈现。很多时候，写人物稿子，尤其是知名人士，记者容易一惊一乍，我以前也这样，开头来一个白鹤亮翅，各种极尽所能的渲染、配合形容词语气词，现在回头看，很傻。”

而故事的展开，就是典型的叙事式报道。一个个典型的故事，或者说有张力的细节，构成了人物报道的骨肉。

2009年12月16日，雪夜，北京燕山酒店对面，酒廊咖啡馆。事后想来，这是一个郁郁不得志的IT老人转变为新贵的前夜。

当晚雷军喊朋友喝酒，毕胜、黎万强、李学凌等金山旧部和朋友在列。当晚雷军在伤感、挫败和矛盾的情绪中度过，一边唏嘘不已，一边一瓶接着一瓶地灌下喜力啤酒。一群人都越喝越多。11点半，雷军才开口说，今天是他的40岁生日。毕胜回忆，当时的谈话基调是反思：“（雷军）讲他的劳模人生，是不是错了？反思自己这么多年的职业生涯，从领导哲学，到做事哲学上是不是有错。”

聚会临近结束，大家说40岁了，总结一下。雷军留下一句话：“要顺势而为，不要逆势而动。”

这是2014年《人物》杂志的封面报道——《雷军豹变》的开头。所有人物采写，如果能抓住采访对象的典型人生瞬间，用工笔般的文字，简描当时的情景，并裁剪、组合若干物细节，客观展示人物际遇的戏剧性，无疑是非常成功的写法。本文如果去掉开头的那句“事后想来，这是一个郁郁不得志的IT老人转变为新贵的前夜”，去掉第二段中“当晚雷军在伤感、挫败和矛盾的情绪中度过”，就极为完美。这两句是一种述评式语句，而且是文章作者跳将出来，盖章定论。这句话，去掉，或者通过别人之口传达，就显得客观中肯。

“评论和价值观的呈现”，以及所谓的形容词渲染，很多时候，就是述评式语句造成的客观效果。在当下的商业人物采写中，有一个普遍误区，就是记者通常喜欢用述评式的语言展开人物形象的推演，以述评替代叙事的倾向愈演愈烈。不以此，似乎不足以显示作者文笔之出彩，思想之深刻。这类叙述当然有立竿见影的效果：可以马上勾勒采访对象的形象，可以马上省去采访乏力的不足，可以马上展示作者的文采。但负作用也极为明显：述评式的语言近乎判断，容易失去叙事式的语言所能保持的客观。述评式的语言不是不能进入人物报道中，那也应是出自采访对象之口，或者出现段落之间，起承上下文。述评式语句用得越少，人物报道的客观性就越大。

当然，媒体上也有以述评式为主体语体的人物报道。但在我看来，这类文章，成败就在一瞬间。非具有非常功力的记者，还是慎用。在《光荣与梦想》中，威廉·曼彻斯特大部分用述评式语言书写了一些“美国人物画像”。不必为

尊者讳，他那些采用叙事体语言写就的“美国人物”，在我看来，阅读起来，反而更有张力。

白描式叙事，如剪纸，不上色彩，但塑造的形象更饱满，它以情节和细节展开的叙述更有阅读张力。述评式语言，尤其是近乎定性和判断的述评，掌握不慎，容易开枪走火，沦为记者对采访对象的臧否。这样的麻烦显而易见，轻则被采访对象纠缠，重则惹上烦心官司。

征求采访对象意见

想必采访商业大佬的稿子，大多数的媒体，并没有抱着交恶大佬的想法。写完稿子，让采访对象过目，其实，并非是一种无尊严的行为，而是一种程序平等：采访对象无论高低贵贱，他有表达和同意发表自己观点的权利。接受了采访，就需要有对自己观点把关和审核的权利和机会。

写完稿子，征询采访对象意见，还有几个明显的好处：其一，消灭硬伤，避免官司。采访对象因记忆误差，或口误，往往提供了错误的信息。这还只是客观性的硬伤。因记者的误记或理解偏差而造成的主观性硬伤在媒体界更是层出不穷，因此而带来的官司，似乎各个报社都有一笔难以启齿的账单。其二，对冲反弹。稿子发出来，采访对象提出修改意见。只要不是硬伤，媒体可以根据自己对影响的评估，决定是否完全修改或部分修改，或者一字不改。这个与采访对象的博弈过程，其实已开始稀释了稿件对采访对象的不利影响。如果没有让采访对象审稿的程序，即使证据和素材没一点硬伤，但稿件刊登出来带来的猝不及防的冲击，往往让采访对象招架不住。与采访对象交恶，似乎成了命定的结局。如果让采访对象看过，即使有心理反弹，此刻，已有心理的前期准备。

当然，做到这些，并不意味着不可能惹麻烦。因为商业大佬对其社会形象，尤其是媒体塑造的社会形象锱铢必较，也许他背地里确实是男盗女娼、欺行霸市。这也涉及一个比较尴尬的问题：难道因为怕打官司，就不深入挖掘，写出真相吗?

一位资深媒体人曾在微博上感叹：“人物报道是所有题材中最容易的，也是最难的。容易，是指能采到本人乃至外围基本就可成稿。难，是指能呈现甚至发掘其真实面目，经受住时间考验的稿子，极少极少极少。目前的人物报道，绝大部分都是在受访对象、媒体平台和商业客户三者之间玩平衡，平衡，平衡，你好我好大家好，便过关。总一个唉字了得。”

在我看来，人物报道，尤其是名流性质的人物报道，为保证程序平等，为了不出误差，采访稿基本要送给对方审看。在如此局面下，能有细节有技巧地触及采访者内心，读者能轻松有趣地读完，就算一篇不错的稿子了。现在好多人物稿以述评体压倒或代替叙事，倒是值得警惕的现象。

至于做出“经受时间考验的稿子”，这是另一个层面的问题。因为，大部分能经受时间考验的稿子，都委屈地躺在各家媒体的毙稿库里。

（作者系精英杂志采编中心主任）

传媒茶座

传媒茶座

当我们谈转型时，我们在谈什么

□叶铁桥

叶铁桥

跟一群同行吃饭，说到谁去创业公司有股份了，谁去上市公司当高管了，谁又正准备辞职当律师了。财新传媒的首席记者王和岩幽幽地说："当记者多好呀，为什么要转型呢，都那么需要钱吗？"

王和岩从业 15 年，至今仍算是北漂，无房无车；而在业务上的杰出表现，使她被视为行业坚守的标杆。

《京华时报》深度部主任康少见若有所思地反问：当我们谈到转型时，我们在谈什么呢？"记者并不一定都是想去挣钱，而是担心哪一天报纸突然就没了——我们下岗了。"

纸媒也许突然哪天就没了，这并不是危言耸听。形势一天天在变坏，并不像前几年的缓坡下滑，一桌的新闻人都有感觉，今年，对于纸媒而言是断崖式的下坠，而且下半年尤甚。大家相互分享了各自单位的营收数据，没有一家情况不是在变坏的。

我的同事、调查记者刘万永半开玩笑道：这可这么办呀，突然发现，自己要成“40、50”人员了。

“40、50”人员，即40岁到50岁年纪的下岗待业人员。小小巧合，这一周，他是我听过的第二个说到这个词的新闻人。一位资深女编辑跟我聊天时，也忧心忡忡地说：原以为在报社可以干到退休，现在看来很难了。我们家的保姆是东北的，以前也有工作，后来下岗了，生活条件恶化，就出来当保姆了。昨天，我看着她就在想，会不会有一天，我也会沦落到这个地步？

“行业衰退的结局就是这么残酷。”她肯定盘点过过去那些衰退行业从业者的结局。

从这个角度来看，新闻人转型，更像是在主动逃生——总觉得船要沉了，怕跟着船一起被海水吞没，赶紧先跳海。

不管是不是“跳海逃生”，至少今年以来，离职的新闻人络绎不绝，可谓新闻业里的“新常态”。几乎每天都能听到新闻人离开的消息，其中不乏江湖上声名卓著者。一些传统纸媒的优质内容生产部门，甚至到了因人才流失太快而导致版面都难撑起的境地。

近来，“你是不是想走了”和“你是不是要走了”，几乎成为同行和同事之间探知对方近况的问候语，这也使得坚守者心烦意乱，眼看着偌大的一座城，不少人都形色匆匆地往外走，自己会不会太后知后觉了点儿？会不会越后走越被动，窗口期也越来越短？

眼看着传统的传播格局像冰山一样破裂了，但以做新闻为旨趣，或者有新闻理想的坚守者，让梦想照进现实的窗口在哪里？新的职业支点又将在哪里安放？

中国大陆纸媒的颓势，是很多人不能理解的。留英回来的复旦大学年轻教师徐笛告诉我，虽然美国纸媒也在衰退，但在欧洲，纸媒状况还是比中国大陆好，《太阳报》依旧布满整个车厢，《卫报》也没有裁员和大规模人员流失，法国纸媒也是如此。

日本《读卖新闻》中国总局局长加藤隆则也说，日本报纸没出现太大问题，当然日本情况特殊，报纸的未衰退也许与老龄化有关。

但中国大陆纸媒的境遇为什么相对更严峻呢？我想，是不是跟消息流动的洼地效应有关，新鲜优质信息总会往管控制度低的地方流动，资本也会随之而去。在大陆，最及时、最鲜活、最接近不设限表达尺度，且最缺版权保护能随便分享的信息都在网络上，从这些维度反观纸媒，是不是纸媒太不具有竞争力了，活该被逼到墙角?

一个从业 20 年的新闻人说，他就不信，以后严肃新闻会没人看了。

严肃新闻总会有人看，但我想，还会是目前这种形式——动辄三四千甚至七八千字么? 10 多年前，我曾给香港《明报》写过稿子，《明报》是典型的严肃报纸，至少从我看到开始，人家就是大量和大幅使用照片。《今日美国》也算是美国新兴报纸的代表了，它放弃了美国纸媒擅长描述细节的特点，反其道而行之，不鼓励长文章，追求稿件至简，大量用图，结果一出生就风华正茂。

一个社会需要严肃新闻，但需要什么形式的严肃新闻? 对比 1980 年代的报纸，大陆的报纸变化大吗? 是不是我们仍处于纸媒发展的 1.0 时代而不自知，是不是我们只从自己的角度去强调读者需要什么，而读者早就需要我们的新闻呈现形式进化到 2.0 甚至更高版本了?

所以，当我们在谈转型时，我们在谈什么? 我想，不仅是害怕失业，还有对传统新闻业晦暗不明前景无法辨明的忧虑。

（作者系中国青年报特别报道部副主任）

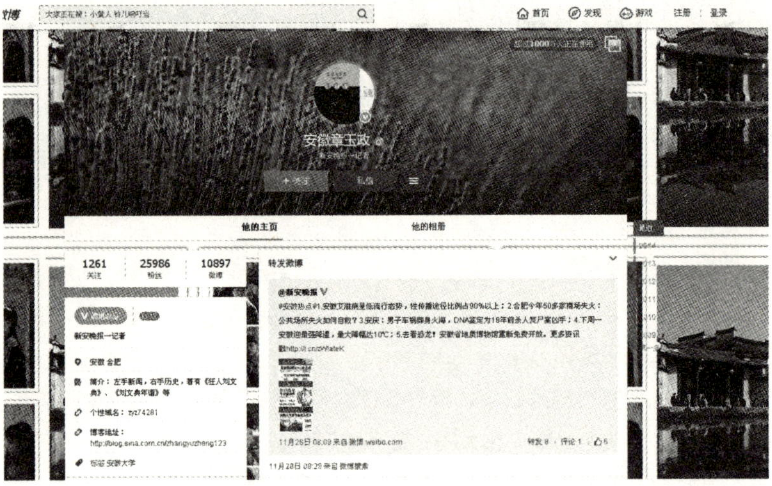

“女干部骂死保安”的媒体价值取向悖论

□章玉政

章玉政

近日，安徽合肥的一位中年妇女开着私家车在一个小区门口准备掉头，因路上车太多加上自身技术不佳，屡告失败，遂找小区保安商量想先逆向开进小区内再掉头，结果遭到拒绝，于是两人发生了争执。相吵无好言。情绪激动之下，这位中年妇女骂了保安一句“看门狗”，后被人拉开。没想到，没等她走出多远，那个保安竟一头栽倒在地，后经抢救无效死亡。

关于这件事的是非曲直姑且不论，值得观照的是不同媒体对于此事不同的处理态度：

事情发生两天后，当地一家都市报以《被骂“看门狗”，六旬保安倒地身亡》为题作了报道，但将之放在了一个不太起眼的版面位置。报道并未提及当事女子的身份，只是称其为“一名 40 多岁的中年妇女”。这则报道并未引起社会太大的关注。

而就在这则报道刊出的当天，部分网络媒体重新调查采访了此事，并于当晚推出了深度稿件。与都市报“蜻蜓点水式”处理不同的是，网络媒体的发稿在标题中突出了三个关键词：安徽省教育厅、女干部、骂死保安。“安徽省教育厅女干部”正是当事女子的真实身份。

结果可想而知，“女干部骂死保安”迅速成为全国热点新闻。据有关舆情统计分析显示，这一事情经网络媒体报道后，在新浪微博舆论场中，不到 24 小时便达到了 433.2 万次的阅读量，近万名网友参与了讨论，且矛头大多指向这位当事人的“教育厅女干部”的身份，认为她是当公务员“颐指气使、骄横跋扈惯了”才会有此不当言行。更有言论认为，这一事件凸显了社会层级的裂痕。

对于同一个事件，不同媒体的处理如此大相径庭，显示出媒体价值取向的鲜明分立。诚然，对于新闻媒体而言，挖掘出新闻事件所蕴含的“兴奋点”，引发更多的社会公众关注，是保证新闻价值最大化的题中应有之意。但是，如何在吸引眼球与坚持理性之间寻找到合适的平衡点，却似乎是媒体界追寻已久却纠结难解的一个命题。

正如关于这件事的报道，最早报道的都市报可以说已经较为完整地还原了事实本身，只不过没有交代与此纠纷并无太大关联的当事女子的身份，而效果就与后来的网络报道相差甚远。原因出在哪里？显而易见，网络报道抓住了这一事件中人物身份的强烈冲突，一个是省直机关的女公务员，一个是处在社会底层的小保安，并由之“重构”出关于此事的“拟态现场”：女干部破口大骂小保安是“看门狗”，小保安不忍侮辱气绝身亡。事实还原并无太大问题，只不过突出其中的一些元素。

而正是这些元素的突出，造成了人们对于同一新闻事件完全不同的价值判断：如果只看那则都市报的报道，内心可能会谴责一下当事女子的个人修养，但更多会认为这就是一起后果有些严重的民事纠纷，理应交给法律去解决；但看了各种网络媒体的报道后，很多人可能就无法避免将之与机关干部作风、社会阶层对立等关联到一起，评价之中也就多了几分情绪化的表达。

而这正是当下新闻媒体价值取向的尴尬。在网络化竞争的冲击下，如果坚守理性冷静的立场，可能就会丧失新闻的高关注度；而一旦以营造高点击率为追求，则不免需要突出点能够一些吸引眼球、形成冲突的元素，但这对新闻本身的伤害也是显而易见的。比如在这件事上，很多人就逐渐将矛头指向了安徽省教育厅甚至整个公务员系统。幸而，在后来关于此事的报道和评论中，我们越来越多地听到了“此事应回到理性立场而不能形成舆论围观”的声音。

新闻媒体是衡量社会文明进步的“体温计”，是社会公众情绪的“控制阀”，在价值取向上应当努力引领一个社会正向发展，而不能一味追求看似喧嚣实则“高烧”的所谓“高关注度”。按照李普曼的说法，公众在社会事务中的角色只能是外围的“旁观者”，判断事物更喜欢强调道德原则，而往往忽视专业立场。而媒体一旦唯公众是听，往往就会陷入价值取向的偏离，要么本末倒置，要么殃及池鱼，最终带来的只会是于事无补甚至颠倒是非的反作用力。

（作者系新安晚报社编委、采访中心主任、首席记者）

大规模业余化时代，新闻学子去哪里

□王天定

王天定

2012年7月24日凌晨，一驾轰鸣的动力伞飞临“7·23”动车事故现场上空，伞中一男子一只手掌控动力伞，一只手拿起相机和DV，从空中记录下了现场画面。几小时后，他拍摄的视频就在温州电视台、浙江卫视、中央电视台等媒体播出。随后这些影像通过网络传遍全球，为人们看清这场事故提供了一个全新的角度。

只不过这个叫陈斌的男子不是职业记者，而是保险公司的员工。他那架高高升起的动力伞，成为一个绝佳的隐喻和象征，印证着美国学者克莱·舍基天才预言——新闻传播业正在走向“大规模业余化时代”。

的确，维基百科的成功带来了巨大的想像空间，有无数迹象显示，如果“业余化”真能形成浪潮，新闻出版业首当其冲，职业边界的消解为期不远。下一代新闻业的面貌虽然还不清晰，但是，在夕阳黄昏中，职业转型成了传统媒体人最热门的话题。

正如舍基所说“业余爱好和专业人士之间的界线不是一个裂缝，而只是坡度上的分别。”真正热爱新闻事业，而且才华卓著的媒体人可以依靠个人品牌继续维持职业化生存，大量的媒体人可能需要离开。因为未来的新闻业，可能不需要维系庞大的规模。

大量的媒体人选择离开时，高校新闻传播类专业的学子们何去何从？高校新闻传播类专业还有存在的合法性吗？以后的年轻学生还有必要再学新闻学专业吗？

其实，在我看来，中国有太多新闻传播专业，但太缺少有水准的新闻传播专业，正如中国有太多的媒体，但真正有水准的媒体寥若晨星。所以，问题不在学新闻专业，而在于是否能够学好新闻学专业。良好的新闻学教育，专业训练能够为媒体培养合格后备人才，但更重要的，是还能够让学生在除媒体以外的其他领域显示出不凡的竞争力，表现出自身专业训练的独特优势，这其实是新闻教育的国际惯例。

2011 年毕业于美国波士顿大学新闻学专业的黄玥毕业后应聘在一家餐厅工作，她说：“学新闻并不一定将来去当记者，这一点是美国新闻系学生的共识。新闻教育训练的是常识和情商，传媒教育的训练也能增加未来职业的选择。”日本从上个世纪 80 年代开始，新闻教育的培养目标已经由 40 年代为媒体培养人才调整为面向整个社会培养大众传播人才。这一转变的缘由，一方面固然是新闻界竞争激烈，用人渐趋多元化，另一方面，随着信息化社会的到来，各方面对新闻专业学生需求多了，新闻学专业学生择业面也更广了。

中山大学传播与设计学院的研究生赵淼，在学习了六年新闻学专业，毕业之时，从 8000:1 的残酷面试中脱颖而出，做了立白集团的总裁秘书。他说：“选择新闻，培养了我敏锐的观察能力、高效的即时协作和优秀的沟通协调能力。”中国人民大学国际新闻专业的高双骥，与其他卯足了劲想进中央媒体或市场化媒体的同学不同，她在大部分媒体开始校园招聘前，已经与行业排名前十的德勤管理咨询公司签约。她的体会是，学媒体的学生，至少能证明自己有以下能力是被咨询以及其他行业所欣赏的：文字功底过硬；有采访实践，咨询公司本来就需要和客户进行访谈，虽然和记者采访的目的、提问方式并不完全相同，但经验可以互通；有过行业研究经验，写新闻报道的过程，和提交咨询交付品的过程有很大的相似性。她在面试时发现，合伙人对她曾经的党报实习经历最感兴趣，详细且好奇地问纸媒的操作流程，在纸媒做了哪些事，怎么写稿件，最后表示她学新闻的背景对团队是很好的补充。

这是两个励志的故事，新闻专业的学子们不必为当初的选择后悔，如果你发现你所在的新闻学院不能给你良好的专业训练，那你就努力地自我训练，每周读一本书，每天写 1000 字，相约一二同好，一起做自媒体，利用寒暑假，去媒体实习……新闻传播大规模业余化时代，其实为新闻学专业学子创造着更多的职业机会，因为，在这个新媒体时代，没有哪个行业不需要具有良好媒体素养的人才。

（作者系西安外国语大学新闻与传播学院教授）

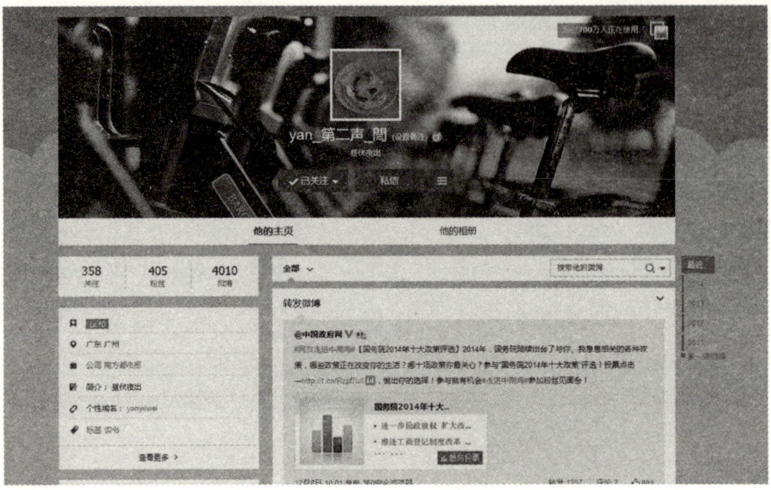

分享的快乐会盖过黑眼圈

□闫业伟

闫业伟

聚餐晚上 6 点开席，他 7 点就要先走；跟他一起赶路，街边标语、招牌上的错别字蹭蹭往他眼里钻；你晚上想聊天，他电话里说“在忙，有事说事，没事我挂了”；在你眼里，他就是一个“不在工作就是睡觉，不在睡觉就是工作”的家伙……

你们之间越来越不合拍，他也越来越不“合群”，偶尔白天遇到，他也是睡眼惺忪的模样，但你拿他没有办法，因为，他是夜班编辑，白天休息、晚上工作。

夜班编辑或许是最“枯燥”、“寂寞”、“没成就感”的职业之一。“枯燥”，是因为他们日复一日对着稿件做标题、改文字、排版面，甚至签过“出片”还在为标题或某一个表述纠结；“寂寞”，是因为他们是交往圈子很小、朋友不多，即使家人，一星期也见不上几次面、说不上几句话；“没成就”，是因为他的成功，经常消亡在别人的成功之中，而别人的失误，往往由他来承担。

那么，是什么在支撑着这些“夜猫子”坚守咫尺岗位乐此不疲?

是分享的快乐。

2014年9月，来自全国的70多名党报夜班编辑相聚贵州，白天赶路时都在大巴车上睡觉，晚上宵夜却一呼百应、到凌晨两三点还不散，聊报纸、稿件、版面、说说报社的工作，聊聊热点新闻事件。一个共同的特点是，无论是刚入职的新人，还是工作了数十年的老编辑，每个人都对自己处理过的重大事件稿件如数家珍，也都为各自记者同事的进步和成长自豪。

大家感谢记者，是记者每天的来稿让编辑成长。时政、经济、民生……各类稿件纷至沓来，编辑也逐渐熟悉了更多的领域；省内、省外、国际……有了不同地方的稿件“轰炸”，编辑的视野也从三尺办公台拓展到全世界。

记者每天东奔西走，编辑每天“偏安一隅”，但在一份报纸面前，大家成为共同体。记者分享来自四面八方的新鲜事，编辑安然做着“嫁衣”。记者关于采访历程、稿件反响的分享是编辑认真工作的动力，尤其在千辛万苦采写的稿件面前，编辑没有理由不精雕细刻、反复推敲。因为，做好“嫁衣”是编辑回报记者的最佳方式。

大家感谢同事，是同事的交流、切磋让自己受益。在南方日报要闻编辑部，每天做完自己的版，大家都会浏览其他同事负责的版面，看看有没有差错、有没有创新；每周四晚下班，一帮人相约宵夜，点几个简单的菜、备一点薄酒，聊聊趣事、谈谈工作；每周五下午，时事等小组开会评报，讲讲得失、提提意见……

“靶子”是各自负责的版面、“批评者”是朝夕相处的同事，偶尔几句尖刻的话，也会在讨论中迅速消弭，如果再有人不失时机讲个搞笑段子，一天的疲乏就烟消云散了。

大家也感谢工作，是这份纯粹和日复一日的重复让自己心安。夜班编辑的工作时间固定、交往圈子单一、较少经历大风大浪，偶尔出趟差，个个激动得像儿时过新年一样。

就是这样的纯粹和坚守，让夜班编辑与光怪陆离、繁芜丛杂的社会之间有了“保护层”。以致有工作了二十多年的夜班编辑说，自己的心态还停留在大学时代。

不忘初心，方得始终。如果人生是一种修行，有幸做了夜班编辑的人，要感谢工作的馈赠让自己少走了许多弯路。

在贵州的时候，一位前辈说，做编辑最关键的是“熬”，“熬”出皱纹、

“熬”出黑眼圈、“熬”到头发花白的时候就会明白，这个“熬”的过程，因为有人陪伴、分享，原来是那么快乐。

或许，我这个才做了几年夜班编辑的新手难解其中味，不过，看着记者或编辑同事成长、进步，自己就像那个“坐在路边鼓掌的人”，心中也有无尽的欢乐。

如果你某天很晚下班，不妨抬头望一眼南方报业传媒大厦 17 楼灯火通明的办公室，要闻编辑部 20 多名夜班编辑正在那里忙碌。对他们而言，你的成就或欢乐会盖过他的黑眼圈，一定的。

（作者系南方日报编辑）

广电总局新规“电视节目不得使用网络词语”引热议

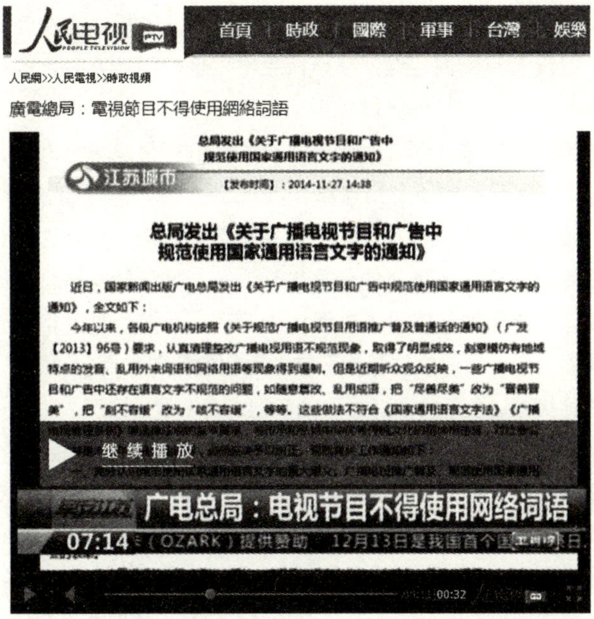

缘起

人民网 11 月 27 日报道，据国家新闻出版广电总局网站消息，近日，国家新闻出版广电总局发出《关于广播电视节目和广告中规范使用国家通用语言文字的通知》。通知要求，严格规范使用国家通用语言文字。各类广播电视节目和广告应严格按照规范写法和标准含义使用国家通用语言文字的字、词、短语、成语等，不得随意更换文字、变动结构或曲解内涵，不得在成语中随意插入网络语言或外国语言文字，不得使用或介绍根据网络语言、仿照成语形式生造的词语，如“十动然拒”“人艰不拆”，等等。

国家新闻出版广电总局监管中心近期将对各电视上星综合频道进行一次全面排查，对严重违规的问题将作出严肃处理。各省级收听收看中心也要对辖区内各频道频率节目进行一次全面排查，对于不规范使用通用语言文字的节目坚决停播处理。

众议

@卷毛虎_：支持！净化语言，人人有责。

@ahohotney 代购日韩：什么是错词错句，流行语能准确的描述这个时代，就没有错！词，句，都是衍生物！也是要随着时代的脚步变迁的吧！陈旧的措辞大部分时候在表现上不够充分，时代在进步，难道我们就应该用陈旧的成语顺应时代？一个词句的衍生是一个时代，一个年代的记忆！不是现有的所有词句都可以满足每个时代年代的要求。

@红酒吹瓶：坚决拥护使用、传播规范的汉语汉字，这是一个民族文化的根基。网络错词错句的传播甚至流行，其深层次是将错误当成时尚，混淆对错界限，是娱乐式消费中国汉字，尤其在青少年中形成了很坏的影响，这个过程中媒体起到了推波助澜的负面作用。

@庸扰扰：这条新闻我能想到的知识点有：娱乐致死、大众传播的正功能、媒介伦理道德。

@豆纸超人：语言文字本来就是在持续发展和变化中的，随着时间推移和科技发展，当然会有很多新的词语产生啊。

@鼎荣文化：应该取其精华，去其糟粕，而不是一刀切。

@咦森林：春晚的小品没有了这些网络语言，还怎么看啊。

@守真志满－逐物意移：早该这样，弄得孩子现在写个成语都写不对。

@胡宝介－蓝魅网络营销：官方渠道规范用语是应该的，不过网络用语如何进化自有社会发展规律推动，一些词涌现，一些词沉寂，一些词沉淀下来。

@过客山路弯弯：文字词语随社会发展更新变化，自然淘汰出新，历史证明民众完全有舍取能力，中国文化并未毁灭。

@梦壑阳光：就汉语规范而言，规矩就是关于汉语的一系列“国家标准”(GB)，你不懂可以查一查，一些人乱说是因为不了解早就有的国标规范。

@tysky17：以前的文化就是这么形成的，你以为一下就几千几万的成语出来的？这里面很多成语将来肯定有些会成为未来文化的一部分。

@烂泥 f 不上墙：早就该这样做了，什么你造么，造你妹哦，不好好说话搞这些乱七八糟；什么屌丝，屌什么，屌是裤裆里那玩意，都不知道怎么说出口还以为自己有多文艺。

@丁贵华：赞成啊！电视节目受众广，后代都给这些词语洗脑了，真正的文化反而丢失了。

@ IT数码手机汇：我和我的小伙伴都惊呆了。

@迷暮之夜：必须支持！！支持！反感网络造词。什么“你造吗？”“酱紫”！一早就想抗议了！！大力支持！！

@韩红昌2345：人艰不拆、喜大普奔这些网络热词其实还挺好的，毕竟中文需要不断产生新词语。但那些用生殖器组成的日常用语必须规范一下，这种词语用在正式场合和书面语中，是极端不能容忍的！

@任志强：字典都有了，为啥不能用？网络作家不都上新闻头条了吗？

@ Lily_Gaga_Gu：今天看上海新闻透视就看到一个“怎么破”，当时我还觉得奇怪，现在新闻节目都可以这样用词了？！建议广电总局查查他们！

@策马踏风沙：能经受住时间洗涤的语言搭配才能称之为成语，因教育大众化和网络快速普及而催生的所谓“语言文化”大都来也匆匆，去也匆匆，真正可作为文明印证的东西相对较少。支持这个《通知》，正本清源已存精华，淘涤筛选真正文化。

@开心笨笨圈：电视应该有电视语言，现在很多网络语言都是在歪曲原意。

@ Oo薄情：应该规范。小孩儿看电视都把它当成语名句了，以后我们国家的长远文化会被遗忘的。

专家看法

对于这一现象要两分来看，网民实际是一个有着很强社会创造力的群体，但同时又很复杂，因此对于网络新造词，不能照单全收，但也不能一棍子打死。

实际上，不少网络词语丰富了语言生活，确实有创新和新的运用，同时又符合语言特点，因此可以看到，许多网络词语开始慢慢被收录进汉语词典，这些词语是有积极意义的。比如失联、断舍离、高大上等，它们既流行又通俗易懂，这是网民原创的表现，也是汉语通俗流变的体现。

成语还有一个特点，是承载着汉语言的文化内涵及文化传承的作用。像不少成语都是源自四书五经等古文经典，而网络词语显然不具备这样的功能，网络词语带有严重的个人倾向，其初衷是为了好玩、新奇，经常会随意背离大众语言的结构、运用等固有规律，很可能流行于一时就消亡了，因此，主管单位进行这样的规范，还是有其意义的。

——《咬文嚼字》执行主编黄安靖

变局常新

□本刊编辑部

这是2014年的最后一期，也是问候2015年的最新一期。这匆匆的一年，似短还长，改变了很多，不变的恒存。

叶铁桥问，“当我们谈转型时，我们在谈什么”。这透出大家对报业转型的焦虑。被迫上网，被迫转型，被迫仓皇四顾。转型，是宿命是沉沦还是在更高的起点上开始新的征程？

王天定作为新闻学院教师，更关心新闻业“大规模业余化时代，新闻学子去哪里”。不在专业化之路上精进，就在大规模业余化的时代死去。新闻不死，理想常青，哪个行业不要专业人才？

时代的面貌是立体的。既需要转型的高蹈，更需要实实在在的扎实工作。苏永通深耕法治新闻，致力于“专业法治新闻的南周视角”；王长庚高唱主旋律，畅谈“党报封面版如何打通两个舆论场”；李军奇以平常心写名流，下笔“商业名流采写方法论”。

梦想长青，实干闯未来。所谓他横任他横，明月照大江。不致力于自身的改善和改造，不致力于自身的提高和提升，怎么样的互联网思维，也拯救不了溺水其中却只能自救的人。

郭全中作为坚定的市场派，强调“传媒业市场化，是一股不可逆转的力量”；支庭荣作为学院派，却更关心媒体融合的本质，“不外乎让信息社会更美好”。

让社会变得更美好，是新闻人的使命，也是每一个人的使命。只是对传统媒体的新闻工作者而言，这些年的“狼来了”，让人心不定，坐不宁，睡不稳。一屋不扫，何以扫天下，一身不正，何以正天下……当匆匆而过的低头族，只在指间刷屏时，常常忘记了为什么出发的我们，却不得不关注移动客户端。

于是，有了张一鸣的“窃喜”：“今日头条，是机器解放媒体”；有了网易的有态度：“创新是移动客户端的基石”；有了搜狐的“个性化能否破局同质化”之问；还有黄治军的奋起：“我们不能让南都Daily安静地躺在那儿死去”。

得移动者得天下。得低头族者得未来。

是耶非耶？2015，变局常新，出发永不晚。